MAMA ②
YIDING YOU BANFA

开发孩子情商智商

有办法 妈妈一定

一汀◎著

中国 友谊出版公司

图书在版编目（CIP）数据

妈妈一定有办法. 2，开发孩子情商智商 / 一汀著
. -- 北京 ：中国友谊出版公司，2012.9
ISBN 978-7-5057-3082-3

Ⅰ．①妈… Ⅱ．①一… Ⅲ．①家庭教育 Ⅳ．①G78

中国版本图书馆CIP数据核字(2012)第199381号

书名	妈妈一定有办法2：开发孩子情商智商
作者	一汀
出版	中国友谊出版公司
发行	中国友谊出版公司
经销	北京时代华语图书股份有限公司　010-83670231
印刷	北京建泰印刷有限公司
规格	690×980毫米　16开
	16印张　150千字
版次	2012年10月第1版
印次	2012年10月第1次印刷
书号	ISBN 978-7-5057-3082-3
定价	32.00元
地址	北京市朝阳区西坝河南里17-1号楼
邮编	100028
电话	（010）64668676

教育是爱与典范，别无其他

一日，也没什么特别的事，不知怎的，小家伙说话凶巴巴的。"怎么了？为什么会用这样的口气说话呢？"我柔声问道。"我在学你教训我喝中药的样子！"硬邦邦的回复让我如醍醐灌顶。有段时间，因为孩子持续咳嗽，医生给开了中药调理，药熬出来非常苦，我喂药的时候太心急，表现得有失风度，没想到孩子便学会了我逼迫、勒令他喝药时的表情、动作。回想起来，那一段时间孩子类似的反常表现屡屡重现——有时甚至在小花园里空对着花草叫嚷，来一个情景再现，语气和我一模一样。事情有了合理的解释，我愧疚反省了好几天！

看过一个故事，有个嗜酒的父亲，每天必到一个酒馆饮酒。一日正逢大雪纷飞，他心情甚好，依旧前往酒馆。一路走着，总感觉后面有人，回头一看，发现自己年幼的儿子正跟着后面，笑盈盈地说："爸爸，我正踩着你的脚印玩呢。"父亲为之一惊，陷入了深深的思索，"我这个是身教吗？我嗜酒成性，儿子却正在跟随我的脚步！"从此便改掉了嗜酒的习性。

孩子3岁之后，特别是四五岁时，许多妈妈会突然觉得之前笃定的方法不灵了，小家伙越来越难搞，他的调皮和不合作花样翻新，让人头疼。大家常会把这样一句话挂在嘴边："两三岁，是孩子最可爱的时候！"的确，面对3岁之后的孩子，父母的耐心骤减，处理方式也更容

1

易简单粗暴，原因是什么？也许小家伙们更有对抗意识了，父母面对的教育问题日益增多；也许是过了最初的好奇阶段，三年的操劳有点让人体力不支，渐渐懈怠，"爱"也渐渐透支……可以有很多关于"也许"的理由和猜测，但是孩子的成长没有"也许"，一个环节错了，付出的代价甚至可能是一生。

孩子的性格养成、学习习惯、待人接物、解决问题的态度方式，都是在模仿中形成的。是的，如果你只想着自己要"赢"，其实你是在逼迫孩子"输"。"中药事件"让我付出了几个月的时间挽回过失，我开始更加注意说话的口吻和措辞，避免造成孩子性格的不良趋向。有一种说法，性格并不会遗传，之所以有遗传的假象，是因为相同的、反复的体验会刺激性格趋同于对你影响最深的父母。

由于历史原因，我们这一代人的童年经历了相对落后的教育环境，无意识中，自己体验过的负面刺激也会折射向孩子，引发不良后果。所以，随时自省、提升，逼迫自己和孩子共同成长是父母每日必修的功课。没错，我们需要给孩子系统的、科学的指导及训练，本书也会用相当大的篇幅对此加以介绍，但我最想表达的却是：教育的真谛其实只会体现在你的生活中，体现在你对待孩子、处理事情时的每一个细节——是否用心，是否智慧，是否有你自身完美教育理念内化后的自然折射。

教育是爱与典范，别无其他。深以为然！

目录
CONTENTS

第一章

智力潜能藏在孩子的每一天里

　　0~6岁，是孩子感知觉、记忆、思维等最为敏感的形成期，每个孩子都是一座天然的宝藏，如何让这座宝藏的每一粒宝石锋芒初绽，熠熠生辉？父母要做怎样的功课？

孩子自由创造的能力

独特的创造力基于模仿。孩子们爱模仿熟悉的、刺激的形象，这可以极大地促进他们的创造力。

元元练习小提琴时，我喜欢给他几分钟"自由拉"时间，他可以自由发挥，胡乱拉，手舞足蹈，摇头晃脑都没问题。元元常常一边挥舞着琴弓，一边哼唱着"窗前明月光，疑是地上霜"，无比放松和陶醉，有时也滑稽搞笑。不管质量优劣，我们全家都很享受他的这类即兴表演，总是用哈哈大笑鼓励他的"跨界创作"。

元元爸爸经常给元元编故事，元元也总缠着爸爸编新故事，到后来，元元已经不满足于被动地听，也模仿起爸爸的样子，参与到故事创作中，有时为了一个片段，父子俩争着抢着往下讲。创造力往往伴随着想象力的诞生，元元在同龄孩子中，想象力和创造力都非常突出，应该和讲故事训练有很大的关系。

创造力培养的最佳时机是幼儿期和学龄期。

每个孩子都有天然的创造能力。教育先驱陶行知先生曾指出："处处是创造之地，天天是创造之时，人人是创造之人。"孩子的思维由于没有多少条条框框的约束，不受时间、空间的限制，父母对孩子创造性思维的培养、保护和推动，有助于孩子摆脱平庸，成为一个不愿复制他

3

人，有独立见解和独特思维的人。

公元 1609 年，荷兰一家眼镜店老板汉斯的儿子拿着几块眼镜片与几个孩子在一起玩弄着。他们模仿大人，有的把镜片架在自己的眼睛前，有的把两块镜片放在一前一后看着远方。突然，一位孩子惊喜地叫了起来："快来看呀，远方的教堂尖塔怎么变得这么近？"孩子的叫声惊动了站在柜台里的老板汉斯……

汉斯仔细观察后发现，孩子手里拿的一片是近视镜片，一片是老花镜片，孩子在游戏中发现这可以望到远处。汉斯抓住这一偶然发现，认真研究后，发明了世界上第一台望远镜。

模仿是发展创造力的基础。

模仿就是对人、动物、事物的表面现象仿效、照着样子做，这是创造的开始。模仿是孩子的本能，在孩子幼年的时候，中枢神经系统的机能不断加强，大脑结构日益完善，可以认识更多的事物，这是模仿的最佳时期。

和孩子长期接触的家人是孩子最主要的模仿对象，因此，成人必须注意自己的一言一行，为孩子树立一个良好的模仿形象。

游戏是幼儿的主导活动，孩子的想象力和模仿力在玩游戏中发挥很重要的作用。在游戏中，孩子爱模仿熟悉的事物，对塑造新人物感兴趣。看起来很刺激的人物是孩子最愿模仿的，比如，学电影电视中的"英雄"、"怪兽"和实在很酷的事。

很清楚地记得，我第一次看到元元搭建的恐龙公园有多么震惊。他占用了大半个屋子的空间，从原来安在暖气管周围作为装饰的百叶窗上拆下木条，搭在五把椅子上，纵横交错。数十只恐龙玩具错落有致地摆放在木条上或地面上、椅面上，从圣诞树上拆下的松枝则当做森林。而且，这是一座"恐龙自己修建的公园"。

玩偶、毛绒玩具……每种玩具都可以成为模仿的道具。引导孩子在澡盆里玩海盗大战，在地板上模仿野战军匍匐前进，在床上布置一所医院，给玩具布娃娃看病、开药、打针……这些模仿可以增加孩子的生活常识，让他们懂得一定的专业技能，有很强的正面力量。

可以鼓励孩子模仿各种动物的样子和叫声，或者模仿某人的说话或动作；还可以进行律动表演，按照乐感、节奏、感情色彩等要求，让孩子做动作。

春晚的语言类节目很适合孩子模仿，从赵本山、小沈阳的小品《不差钱》开始，元元喜欢上了小品演员小沈阳。2012 年春晚小沈阳夫妇表演的《霸王别姬》对话还算简单，我安排元元和邻居男孩一起表演，孩子们演得有模有样，乐此不疲。对舞台剧、话剧的感觉，也许就是这样萌芽的吧？

★ 妈妈箴言

　　处处是创造之地，天天是创造之时，人人是创造之人。和孩子长期接触的家人是孩子最主要的模仿对象。
　　孩子的想象力、模仿力在游戏中发展到极致。创造力往往伴随想象力而来。

所有智力方面的工作都要依赖于兴趣。

——【瑞士】皮亚杰

别拿"神童"误导了孩子的天赋

对于不准备走艺体特长生之路的孩子来说，进度和考级远
不如保持兴趣和培养自信心重要。

在选择学什么方面，孩子的意见一定是第一位的。

4岁时元元就说喜欢小提琴，我听说小提琴很难很枯燥，就强迫他先试试钢琴。结果练了3个月，每次倒也愿意去，去了却坐不住。要么懒洋洋，要么学几分钟就干脆跑掉。回家后，不仅拒绝练琴，连我去摸摸家里的电子琴都要坚决阻止。（不好意思，我很有钢琴情结，希望借着他学也圆圆自己的钢琴梦。）幸好没买钢琴，后来我果断中止了他的钢琴课。现在元元每次来到学小提琴的工作室楼下，都是皇帝般欢呼："老师，我来了！"

从幼儿园回家，刚开始是玩完了，晚饭后练琴，但这家伙玩的时候很卖力，练琴时就犯困了。令人吃惊的是，5岁的小人自己提出：先练琴，再出去玩。我以为他只是一时自觉，没想到每天走在放学路上面对同学的邀请，他真的都会说："我回家还有事呢。"这样的定力让我惊愕，甚至佩服！

不要过早判断孩子未来的走向，要更多地为孩子创造经验价值，尝试、观察、引导，为他将来的选择提供可能。

妈妈要设法把自己的孩子看成一颗没有标签包裹的种子，你的工作是为种子提供环境和养料并拔除杂草。对于不准备走艺体特长生之路的孩子来说，进度和考级远不如保持兴趣和培养自信心重要。

孩子在6岁之前是属于大自然的，他们天生就具有自己的发展方式和学习方式，他们喜欢什么、不喜欢什么都不是由养育他们的成人所决定的。正因为他们能够固执地按照自己先天所带来的方式去选择自己所要学习的东西和方法，才使他们成为他们自己。人类正是因为有了这样的特质才使这个世界上的每一个人都成为独一无二的人。

心理学家皮亚杰曾经说过："强迫工作是违反心理学原则的，而且一切有成效的活动，都必须以某种兴趣为先决条件。"

童话大王郑渊洁也说过："不要在孩子不感兴趣，还没有能力理解的时候，让他做任何不感兴趣的事情。"当孩子做自己感兴趣的事情时，他往往能够全力以赴；相反，如果父母要求孩子放弃他极感兴趣的事情，做一些孩子不喜欢做的事情，孩子必然会与父母发生冲突。

报纸上曾这样介绍"神童"尼斯尔的经历：

6岁的尼斯尔在绘画方面有超人的天赋，能准确地描绘人体，并对人体结构以及光影都有极准确的把握，人们都在沸沸扬扬地谈论着这个伟大的天才，几乎都异口同声地断定这个孩子将会是一名艺术大师，因为他只对绘画有很高的天赋，在其他方面却很平庸，这足以说明他的天赋是先天性的。

这件事引起了一个教育学家的注意，一天，这个教育家访问了这个孩子以及他的父亲。孩子的父亲对教育家的到来感到很高兴，一再诚恳地要求教育家指导他的儿子。

尼斯尔的"画室"墙壁上挂满了各种画作和装饰品，房间的地板上摆放着各种各样的石膏模型，一幅巨大的人体解剖图高挂在最主要的一面墙上。有一个身材矮小的男孩在画架前坐着，他便是尼斯尔。

孩子的父亲拿出许多参展证书和获奖证书说:"这些都是尼斯尔的。"这些儿童美术大赛的参展证明,有区域性的,也有全国性的。但教育家却发现尼斯尔始终坐在那儿一动不动,两眼无神而茫然地盯着前面的墙壁。

他奇怪地问这位父亲:"尼斯尔在干什么?"

这位父亲说:"他一定是在思考。"

"思考?为什么一定要以这种方式思考?"

"恕我直言,报纸上的那些报道并不完全真实,他们说我儿子的才能来自于天赋,我可不这样认为。正如您所说的那样,孩子的才能来源于后天的教育,我对此是深信不疑的。所以,我为了让儿子成为一名伟大的画家,一直对他要求很严。你也看见了,他无时不在考虑绘画的事,可以这样说,他的那些成绩完全来自于努力和勤奋。"父亲解释道。

"那么,除了绘画以外,尼斯尔还在学习什么?"

"绘画已经占用了他所有的时间,不可能再学其他的东西。何况,我认为只有用心一处才能有所成就。既然想成为画家,那么就应该有所牺牲。"

他这样一说,教育家才明白了为什么尼斯尔会有那么一种古怪的表情,他毫不客气地说,尼斯尔的那种表情完全是白痴的表情。事实上,这个孩子在父亲长期的"强行教育"下,已经变成了只会画画的机器,几乎对其他的事一窍不通,他既不会认字也不会书写,更谈不上有其他的爱好。尼斯尔所受到的教育完全是舍本求末。教育家判定,他不可能成为一个真正的艺术家。

果然,几年后尼斯尔的"天才"便不复存在了,人们也没有见到他们所期望的这位"天才"有任何成就,他的才华就这样过早地夭折了。

⭐**妈妈箴言**

在选择学什么方面，孩子的意见一定是第一位的。

强迫工作是违反心理学原则的，而且一切有成效的活动，都必须以某种兴趣为先决条件。

孩子在 6 岁之前是属于大自然的，他们天生就具有自己的发展方式和学习方式。正是因为这样的特质，才使这个世界上的每一个人都成为独一无二的人。

只有把自己当作儿童，才能帮助儿童成为成人；只有把儿童的生活看作是自己童年的重现，才能使自己日益完善起来；最后，应当全心全意地关怀儿童的生活，才能使自己成为一个人道的教师。

——【前苏联】阿莫纳什维利

小男孩也可以学跳舞

舞蹈学习也应该让孩子感到是一种游戏活动、是一种娱乐。要借助音乐帮助孩子自信地表现自我。

2012 年的新年才艺表演上，元元和一个女孩子表演的英文歌伴舞看上去很有味道。

如果家有女孩，家庭中艺术氛围的营造通常更要用心思。女孩子大多天然喜欢舞蹈，元元的同班女生，十有八九都报了舞蹈班。在我看来，小男孩爱跳舞，也有着种种优点。感受艺术之美、锻炼肢体协调性、大胆表达自我、精力合理发泄……除此之外，对他绅士风度的培养，仪态和修型，交际魅力的提升，也会加分。

我和元元爸爸都算是曾经的"文艺青年"，对一切艺术形式都有着本能的欣赏，也动辄在家里即兴歌舞——谈不上什么专业，就是图个随意尽兴——尽管元元是男孩，但他对音乐舞蹈都蛮有兴趣。

妈妈自己首先要热爱音乐，随时展示对艺术和美的欣赏，如果嗓子不错，感觉到位，可以时不时亮相一下，一定会吸引孩子的目光。如果条件欠佳，也可以做点滑稽表演，就当幽自己一默，活跃家庭气氛。

有时候我故意搞怪学唱男高音，元元就经常要求我再"表演"一次。看了《音乐之声》，我记下歌词，反复练习，那段时间，元元总是要求我"完整地唱一遍"，同时模仿片中女主角玛利亚载歌载舞。因为他只会唱第一句：Doe, a deer, a female deer. 对我能迅速背会全部歌词极为羡慕。元元对英文学习有很大兴趣，也跟这些点滴的渗透有关，这是后话。

我经常让元元观看儿童剧、歌舞表演等，让孩子用感官直接感受舞蹈的美，引发孩子对舞蹈这种艺术形式的注意和兴趣。元元很擅长肢体模仿，喜欢做怪相伴着"手舞足蹈"，发现这个特点后，我给他报了幼儿园的舞蹈班，无奈因为舞蹈老师有些严厉，学了一学期，元元便没了兴趣。现在，元元倒是对街舞很有感觉，一听到节奏感强的音乐，便灵活地舞动起来，很有街舞明星范儿。我从不会因为街舞不够"经典"和"正规"对元元的行为略有微词，通常都会兴奋地鼓励他大胆发挥，还会录下来回放给他看，让他充满成就感。我准备在合适的时候，送元元专门学一下街舞。

音乐是舞蹈的灵魂，音乐和舞蹈是一种相互表现、促进的统一体。孩子们非常喜欢音乐，音乐能带给他们愉快、美好的情感体验。恰当地，不断地给幼儿提供适宜的音乐刺激，能够激发起幼儿的舞蹈热情，他们就会饶有兴趣地进行舞蹈创作表演。久而久之，随着音乐，他们能够自信地表现自我，并逐渐培养出喜欢参与舞蹈创作的兴趣。

让孩子欣赏音乐，不用拘泥于只听儿歌，各种音乐都可以涉猎，让孩子感受和体会音乐节奏，用舞蹈语言反映音乐的各种形象。妈妈自己也要示范、引导孩子做一些动作来配合音乐和歌词，比如：表演小猪就用鼻子拱一拱；表演鸭子就半蹲着外八字走两步等。一开始孩子不知道怎么表演，妈妈先做示范，模仿小鸭走路一摇一摆的样子。当孩子有兴趣地演小鸭时，妈妈可以问："小鸭子还会干什么？还可以做些什么动作呀？"这时孩子就做出了小鸭叫的动作，小鸭游泳的动作，虽然动作很搞笑，但却是孩子学习思考的结果。这样，孩子在已获得的模仿经验中深入学到更多的本领，无形中激发了学习舞蹈的愿望和乐趣。

妈妈在给孩子做示范时，速度要放慢一些，动作要放大，以便于孩子观察模仿。

爱玩是孩子的天性，舞蹈学习也应该让孩子感到是一种游戏活动、是一种娱乐。妈妈应根据孩子的天性顺应他们的心理，用做游戏的办法培养他们的兴趣。如玩《小鸟找窝》时，妈妈可以扮成鸟妈妈，让孩子扮小鸟，并且跟着鸟妈妈学习各种本领。孩子学跳手绢花，妈妈可以多买几种颜色的手绢花，然后让孩子自由选择，当孩子拿到自己喜欢的手绢花跳舞时会显得格外高兴。然后妈妈在前面做示范，让孩子在后面跟着学，妈妈在做示范时还要伴随着语言的讲解，还可以面向孩子做镜面示范。这样的家庭舞蹈活动，也是很好的亲子互动活动。

★妈妈箴言

妈妈自己首先要热爱音乐，随时展示对艺术和美的欣赏。如果感觉到位，也可以时不时亮相一下，一定会吸引孩子的目光。

孩子爱跳舞，在感受艺术、锻炼肢体协调性、大胆表达自我的同时，也是精力合理发泄的一个渠道。

教员最大的技巧在于集中学生的注意力，并且保持他的注意力。

——【英】洛克

一面墙，随意画！

只要孩子喜欢，任何时候都可以开始绘画。

　　我家有一面元元习作墙，贴满了孩子从两岁开始，随意涂抹的作品。随着作品的增多，墙面愈加凌乱，但我却一直没舍得清理，每天用餐时对着这面墙，就想起元元稚嫩的小手在纸面上涂抹的情景。看到那些他自己取的作品名《花裙子》、《两只警察青蛙》、《金鱼三剑客》、《峨眉山上的小亭子》、《有尾巴的金蛋在飞》……总会会心一笑，感到无比温馨。直到今年六月，经元元同意，我才准备稍微处理一下这面墙，取下几幅边缘卷曲的大作，收藏起来，把元元的新作更新上去。

　　让孩子绘画，不一定要他成为画家、美术家，作为一种兴趣，能够陶冶性情，已属不错，它能伴着孩子成长、丰富生活，使生命更充实，让孩子的童年记忆更有灵性，更富色彩。

　　绘画一方面可锻炼孩子的手部肌肉，训练手眼协调，同时也可以培育出孩子的空间感、审美能力、创意、结构能力、观察力以及专注能力，对孩子建立完整的人格甚有助益。一般来说，孩子到了三四岁，大都会十分喜欢"到处乱涂乱画"，其实，这也正是孩子学习绘画的启蒙阶段。

绘画作为一种符号表征形式，是人类心智发展的重要成就之一，也是孩子认识世界、进行交流的手段与工具。绘画有自己的内在逻辑和表达方式，绘画中蕴涵着孩子们的思想与活动。孩子随意画下的一根线条、一个图案、一种色彩，都是通向孩子内心世界的地图。

在孩子绘画的启蒙阶段，妈妈态度如何、采取的方法如何，将直接关系到孩子日后绘画的兴趣，以及用画笔表达自我的自信能力。

记得元元最初只是在纸上胡乱涂抹，当他会随意画出圆圈时，兴奋得不得了，一直不停地画圈，一层一层的，一团乱麻。"啊，元元画了个好棒的钢丝球！"我找来刷锅的钢丝球给元元看，他乐了，画得更起劲了。

后来，元元在绘画班学儿童画，又碰上一位学过儿童心理学的文老师，元元画画的兴致就更浓了。在文老师班上，各种材料都可以是绘画的原料。有时在白色布袋上作画，有时在扇面和纸板上作画，有时在彩纸上做拼贴画，还配合彩陶等各种手工，每次都玩得不亦乐乎。

有一次，文老师问道："你们希不希望爸爸妈妈在卫生间也能想到你们，而且非常非常爱你们呢？"小朋友们都说"希望"。我看得一头雾水，不知道老师卖的什么关子。接下来，老师先安排小朋友在白纸上画了一棵圣诞树，再用双面粘纸粘贴到透明塑料卡片上，然后在卡片上蘸点水，就可以贴在卫生间的瓷砖墙面上了。在透明卡片的正面，还可以用马克笔再装饰一下。元元就画了许多棒棒糖在上面。这张大作真的在我家的卫生间展示了很长时间，有时掉下来，就在背面蘸点水再贴上墙。每看到这张画，我就会想起那天上课的情景以及元元亲手把画贴上时的高兴劲儿。

作为孩子绘画的启蒙老师，如此的灵性、开放自由的心态以及极尽所能的创新能力，是比绘画技巧更为重要的能力。

还有一次，文老师正在教孩子们画水彩画，琳琳的妈妈来接女儿了。琳琳马上把自己刚画好的画递给妈妈，妈妈拿着画，掉过来转过去地研究，还是没有看出女儿画了什么。"这是什么呀？"妈妈小声问琳琳。"是猫呀。"琳琳话音还未落地，妈妈就说道："不像猫啊，你看，猫的尾巴……你再来画画……"妈妈滔滔不绝地说着自己对猫的理解，却没有瞥见琳琳的小脸已经黯淡下去，没有一丝提笔的兴趣了。

当孩子对某些活动有兴趣时，妈妈们如果能理解孩子，并不停地表现出由衷的赞赏，给予孩子最大的鼓励，才能促进孩子能力的逐步提高。

只要孩子喜欢，任何时候都可以开始绘画，妈妈最好采取开放的态度，任孩子随兴发挥，画什么、怎样画，让孩子自己决定，不要干涉或阻挠，只负责担当鼓励的角色。平日可以准备充足的画纸、画笔，让孩子"灵感"一到便能随时挥笔。至于孩子的画画技巧如何、有否进步，需按孩子的各个阶段来培养，不可操之过急，否则，揠苗助长只会适得其反。

对这个时期的孩子，妈妈不能想着要让孩子画成什么样子，因为这种有意识有目的的训练会让孩子感到厌倦、产生抵触等不良情绪。面对孩子"乱七八糟"的涂鸦作品，"一点都不像"、"就会瞎画"、"怎么又画到墙上了"的斥责是最为忌讳的。"这个线条画得蛮流畅的!"、"用色很大胆"、"看得出你在用心画"、"能专心画这么久，真了不起"……这样的鼓励是更明智的。

如果孩子喜欢在一张大纸上随意乱画，画大大的图案，妈妈不要怪孩子浪费，不必要求孩子非要从某个地方开始画，以免造成孩子过于拘谨的习惯，而应通过孩子大胆的创作培养孩子的勇气和自信。

孩子在刚开始对绘画感兴趣时，往往会停留在形象片面、单调的层面上。这时，妈妈可因势利导地让孩子画出更丰富的画作来，这对提升孩子的想象力、增强孩子的绘画兴趣，都是十分重要的。

比如：孩子画了一个瓜子形状的图形，在圆头处又画了一条线，妈妈可以很感兴趣地问她画的是什么，孩子回答是"小老鼠"，那么妈妈就可以做以下顺势诱导：

"哦，真像小老鼠，小老鼠除了有尾巴以外，还有什么呢?"

"还有眼睛、嘴巴、耳朵。"

"嗯，你真能干，想一想小老鼠的眼睛、嘴巴、耳朵都长在什么地方？画出来给我看一看。"

……

"画得不错，咱们给这张画起个名字吧。"

这时妈妈可以再引导孩子说出《小老鼠偷米吃》的名字，或其他的名字，最后写上画画的人名和日期。

"这么好的画可不能随便丢了，把它放到什么地方呢？"

"贴在门上。"

2011年2月，从外婆家过完春节回家，图画班要求交一份作业，题材随意。元元不知道怎么下手，我启发他说，就画你在外婆家印象最深的事。20分钟后，孩子完成了他的作品：纸的边框布满了彩色气球，右下方是一张桌子，上面放着一杯牛奶和一个苹果。一个小男孩——相比整张纸，比例很小——在看电视。题目是：妈妈、大姨和外婆去买鱼缸，我自己在外婆家看电视。

我学过儿童心理学，知道他画的正是他自己的心理体验，一份"真实生活"：一个小男孩的孤独、勇气和对环境的接纳。老师和我都很欣赏这张画，抛开它的色彩、构图不说，更重要的是孩子在创作中动用了手指、眼睛和大脑，真正是一幅"用心之作"。

一位成功育子的妈妈回忆道："记得孩子三四岁时，我给他买了大量拼图、图形重组、七巧板、变幻魔方、滑块类的智力玩具，也鼓励他自己动手制作一些玩具。后来他初中的化学老师和数学老师发现，他在上课听讲和课下复习时，会经常把老师的语言，在书上画成图形，来理解和记忆。他的书上，几乎标满了符号语言。我不知道这是否和他小时候的涂鸦、图形训练有关，但他在中学的学习成绩，一直名列前茅，而他并没有把所有的课余时间都用在学习他的功课上，或许，这就是图形给他带来的思考能力！"

其实，孩子绘画应着眼于"童趣"。只有充分自由、无拘无束，才能令孩子身心投入。当孩子拥有独立的空间,感到受尊重时,自然发挥出天赋才华。所以,让孩子随意画,自由发挥,才是培养孩子绘画兴趣的良方。

★妈妈箴言

让孩子绘画,不一定要他成为画家、美术家,而是让孩子的童年记忆更有灵性,更富色彩。

如果孩子喜欢在一张大纸上随意乱画,妈妈不要怪孩子浪费,不必要求孩子非要从某个地方开始画,以免造成孩子过于拘谨的习惯,而是通过孩子大胆的创作培养孩子的勇气和自信。

有件事是我们无法教他(林书豪)的,他的心,他的内心世界十分巨大。

——林书豪的球队教练

什么才是最好的技能?

把孩子变成极具竞争力的通才来为这个新世界做准备是没用的，因为我们预料不到他们在今后二十年所需要的技能。

————————————————————●————————————————————

塞达斯曾是美国家喻户晓的一位神童。他的父亲原为哈佛大学的心理学荣誉教授，他认为，人的大脑和肌肉一样是可以通过训练而不断增强的。为了证明这一论点，他决定在自己的孩子身上进行一系列的教育试验。

塞达斯出生之后，父亲便在他的小床周围挂满了英文字母，并在他耳边不断地发出这些字母的读音。六个月后，父亲的教育初显"神效"，小塞达斯已经能够把 26 个英文字母全部记住了，而且能够读出声音。

父亲对自己的教育成果感到非常的自豪，紧接着，他又用各类教科书取代了小塞达斯的玩具，让他独自苦读。这样做的结果确实让小塞达斯的智力发展得很快，两岁他就能看懂中学课本，4 岁时他已经发表了四篇文章，6 岁的时候还完成了一篇解剖学论文。

但是，正当人们对塞达斯父亲的教育方法佩服得五体投地的时候，小塞达斯却表现出了一些反常的举动，比如，在不该笑的时候傻笑。其实这是因为父亲的过分施压使他的神经系统开始失常的一些初期表现，但父亲却忽视了这个危险信号，继续对儿子进行试验。

　　塞达斯在 12 岁那年被哈佛大学破格录取了。正当人们艳羡地谈论着这个天才神童的时候，他却在 14 岁那年因患病而住进了精神病院。尽管治愈后，塞达斯又返回学校继续上学，并取得优异成绩，但是他早已对父亲的"试验"和人们的赞扬深恶痛绝。他热切地渴望过一种正常人的平凡生活。于是，他离家出走，改名换姓，在一家商店做了一个最普通的店员。

　　父母为了孩子不确定的将来牺牲现在，寄望于野蛮的教育，对于一个身心十分稚嫩的孩子来说，如何能够承受得了长期的重压？

　　把孩子变成极具竞争力的通才来为这个新世界做准备是没用的，因为我们预料不到他们在今后二十年所需要的技能。唯一可以确定有价值的事情，就是培养孩子的人格特质，例如诚实、毅力、应变力、乐观和同情心。千百年来，这些特质始终会令人受益。犹太教育家的建议是，"假使你的孩子具有成为面包师傅的才能，就别要求他成为医生"。他们认为，每个小孩都是以上天的旨意创造的，要是我们忽略孩子内在的种种力量，迫使他活出我们所谓的非凡成就的话，我们就破坏了上天的旨意。更有破坏性的是，有些父母喜欢用自己子女的成就，来获得自身的安全感和个人荣耀，或是达成自己当年未能实现的梦想。

　　望子成龙、望女成凤是每个做妈妈的愿望，于是有些妈妈在孩子身上花费了大量的时间与钱财，一天到晚让孩子学这个学那个，妈妈只注重书本知识的灌输，而忽略孩子精神健康的培养；只削尖脑袋想让孩子拥有好的学习成绩，却忽略了孩子适应社会的能力。

　　对于孩子的教育，知识固然重要，但更重要的是掌握知识、主动探索的能力。主动学习与被动灌输，知识对人生所形成的影响肯定不一样。因此，激发孩子的学习欲望，让孩子主动学习，远比灌输知识更重要，更迫切。

　　联合国教科文组织在《学会生存》一书中指出：在未来社会里，文盲将不是不识字的人，而是那些不会学习、不会自行更新知识的人。是否具有学习能力居然被提高到是否要被列入文盲的地步，可见学习能力对孩子一生的重要性。

现在的社会，已经进入了终身学习的社会，学习将伴随人的一生。因此，要培养孩子的社会适应能力、社会生存能力，首先需要培养孩子的自我学习能力。自我学习能力的养成，主要取决于孩子的学习欲望，孩子们知道了自己想要什么，需要学习什么，就会主动去找课题，寻找机会充实自己，这就是自我教育能力。

我国有句古话说得好，"授人以鱼，供一饭之需；教人以渔，则终身受用无穷"。

孩子在学习的过程中，要找到适合自己的最佳的学习方法，并不是一件容易的事情，它不仅依赖于孩子自身的探索，更需要妈妈的参与。因为妈妈比任何人都了解孩子的兴趣与个性，更有可能参与到孩子的学习过程中来。通过培养孩子良好的学习习惯，来提高孩子的学习成绩，应成为家庭教育的重要一环。

法国著名心理学家贝尔纳说过："良好的方法可使我们发挥天赋和才能，而拙劣的方法可能阻碍才能的发挥。"

未知的世界对孩子来说，永远是新鲜的，好奇的，妈妈要不断地引导孩子学习新知识，在接受新鲜事物中，充分激发孩子的学习兴趣。孩子在3～6岁时特别爱问"为什么？""这是怎么回事？""电灯为什么会发亮？""电话为什么能说话？""水龙头里的水是从哪里来的？"等等。他们的小脑袋精力无穷，似乎从未停止过思考。

我从不会忽视元元的任何一次追问，更不会嘲弄、批评、冷淡他的提问，我很清楚，如果那样做，无异于抹杀孩子的智慧幼芽，挫伤他们求知的积极性。对孩子不懂的问题，我一定会认真回答，或者马上邀他一起翻书、上网找答案，从不敷衍了事！如果暂时说不清楚，我会告诉孩子，自己弄明白后一定会告诉他，希望他能谅解，耐心等待一两天。做妈妈的切忌不懂装懂，欺骗孩子，这样在失去孩子信任的同时，也给孩子留下了"妈妈不负责任，不求甚解"的恶劣印象。

有这样一种平衡观给我留下了深刻的印象：你只需要经常在口袋里装上两张纸条，一张纸条上写着"我只是一颗尘埃"，另一张上则写着"世界为我而造"，就能获得一种平衡，因为崇高和平凡是水乳交融的。我们养育自己的子女，并不是寄希望他们成为救世主，而是让他们活出自我。

教育就是帮助孩子学会自己思考，做出独立的判断，活出真我。而教育的最高境界，则是自我教育。

我国著名的教育家陈鹤琴先生曾举过这样一个实例。

有一天，一个男孩问："竹管里有空气吗？"陈先生没有直接回答，而是拿了一根两头有节的竹管，在竹管上钻了一个洞，然后把竹管放在了水盆里。这时候，一个个小泡从洞里冒出，孩子们欢呼道："空气！是空气！"他们自己得出了答案，显得格外高兴。

不直接灌输答案，而是启发孩子观察、思考，得到答案，是教育的更高层次。

马斯洛针对人的"自我实现"提出了8条建议：

1. 集中全部精力去充分地、生动地体验每一个时刻。

2. 把生活看作选择的一个过程，然后去选择它。

3. 倾听你自己的声音，相信你内在的需求。

4. 对你自己负起责任。

5. 不墨守成规，勇于表现真实的自己，敢于与众不同。

6. 欣赏自己的所作所为，并努力做得更好。

7. 创造更多更好的经历，用积极的眼光观察世界和人生。

8. 不糊弄自己，认清自己的辩护（不是凡事推脱责任找借口，或迁怒他人），并且找到放弃的勇气。

培养孩子独立思考的能力，就是要给孩子有意识地提供自我教育的机会，让他们大胆探索，勇于尝试，最终成就自我。

暑假的一天，埃里克带着自己的三个孩子到沙滩边修理小木船。

埃里克指着甲板上一块松动的木板说："孩子们，我们先把这块木板钉上吧。汤姆，过来帮我压住这块调皮的木板。还有你，乔治，快去，帮我把工具箱里的大钉子和锤子拿来！"

一切准备就绪后，埃里克说："儿子们，你们自己动手修理小木船好了，爸爸得坐下来休息一会儿！现在要看你们的表现了！"说完之后，埃里克就坐到了4岁的小女儿菲比的身边，和她玩了起来。

可是，还没有到五分钟，在一旁修理小木船的兄弟俩就吵了起来。汤姆埋怨乔治差点把钉子钉在自己的手上，乔治说汤姆没有压好木板，两个人越吵越激烈，修理工作自然停了下来。

埃里克急忙对他们说："喂，喂，两个能干的小工匠，不要吵，不要吵，让我给你们做个示范，你们就知道怎么干了。我之所以让你们动手修理小木船，是想让你们知道光有勇气和蛮力是做不好事情的，必须掌握一定的技巧，另外再加上十个灵活的手指，才能做好修理的工作！"

于是，从如何握住一颗小小的螺丝，到应该使多大的力气才能拧紧这颗螺丝；从怎样调节一只扳手的开口大小，到怎么做好手脑结合的工作；从钳子不同的种类到其使用，埃里克一一对两个孩子作了详细的讲解，同时还让孩子亲自做一下，加深体会。

很快，两个孩子就学会了怎样正确地使用工具，他们又自己动手修理起了小木船。

无论做任何事情，经验和知识都是处于同样重要的地位，孩子都是在不断摔倒的过程中成长起来的。父母与其援手扶持，不如传授给孩子爬起来的勇气和方法。

多带孩子到大自然中去，让孩子对一些物质、现象有感性的认识，对孩子经验的积累，非常有益。在大自然、科技馆、博物馆、美术馆或日常的生活场景中，即便是孩子没有发问，妈妈也要主动给孩子讲一些"为什么"。不要以为孩子小，听不懂，就在他们似懂非懂的时候，认为他们已经掌握了知识的要领。

妈妈箴言

　　父母为了孩子不确定的将来牺牲现在，寄望于野蛮的教育，对于一个身心十分稚嫩的孩子来说，如何能够承受得了长期的重压？

　　教育就是帮助孩子学会自己思考，做出独立的判断，活出真我。而教育的最高境界，则是自我教育。

　　儿童的天性明显地要求直观性。如果教儿童5个他所不认识的字，他会长久地受这几个字的折磨，但是，如果你把20个这一类的字和图画联系起来，儿童就会飞快地掌握它们。

——【前苏联】乌申斯基

听说训练，架构幼儿的知识世界

妈妈要有意识地给孩子提供一个"听"的环境。

直到现在，我还保持着一个习惯，每天早晨 7 点起床后，第一件事就是打开音响，播放一段柔和的古典音乐，等元元醒来后，再换一张节奏明快的光盘给他听，让他的频率随之转换。这个仪式意味着愉快一天的开始。

一位教育专家说过，幼儿在快乐的教育中要建构三个世界：建构完整的精神世界——真爱、诚信、责任心；架构智慧的知识世界；建构美好的生活世界。

就架构智慧的知识世界而言，听说训练是刺激幼儿大脑发育的重要一环。

听觉、视觉、嗅觉、触觉，是人类感知外部世界的生理基础，充分刺激孩子的感觉器官，能够促使大脑各部分机能积极活动，形成积极的条件发射，调节大脑的各种功能，如果孩子大脑的各个功能区都能够发挥出大效能，他就将会成为一个聪明伶俐的人。

在五官中，首先要发展耳朵的听力，因为婴儿的听力比视力发展得要早。在 5 岁之前，孩子对世界的感知更多来源于耳朵，而不是眼睛。因此，这一阶段妈妈要有意识地给孩子提供一个"听"的环境。

孩子喜欢能制造声音的玩具，而且声音越是复杂，对他的听觉发育越好。孩子的听觉在出生时就已经得到了完全的发育，到了1～2岁时，已经能够辨别音调和音质的不同。

妈妈悦耳的歌声是对孩子最好的刺激，妈妈可以给孩子朗读优美的诗歌，听各种音乐光盘，听各种声音，从不同方位发出的声音，从而训练方位听觉及对不同音调的辨别能力。如给孩子身上系一个小铃铛，让孩子听摇铃声、注视摇铃，并引导孩子去摇动摇铃，使它发出声音。从房间的不同地方向孩子说话或摇铃铛，看他会不会听到并用眼睛追寻声音的来源。

较大的孩子可以在安静的环境里，采用一对一的形式进行听力训练，还可加以音调强弱、速度快慢的控制。如：妈妈控制说话的语调，唱歌时采用不同韵律和节奏等循序渐进地给予声音刺激；还可让孩子聆听鼓声、铃声的强弱及快慢、次数，逐渐从"听觉记忆"发展到"语言表达"。

培养孩子的听力，也是培养孩子早说话的过程，无论是听觉训练，还是语言训练，都要注意趣味性，要在孩子兴趣盎然的游戏活动中，有意识地引导孩子学说话；还要注意所教词语的形象性，即为了使孩子逐渐掌握丰富的词语，应尽量使这些词语能同所代表的事物对应起来，让词语和具体物象一起印入脑海。

叶圣陶先生曾经指出，"儿童时期如果不进行说话的训练，真是遗弃了一个最宝贵的钥匙。"

学龄前，孩了的语言能力发展极为迅速，到了4岁左右，他们变得特别爱说话，即使一个人的时候也会自言自语地边说边玩，跟小朋友或大人在一起时，话就更多。对于这一时期的孩子来讲，他所接触到的任何对象都是有生命的，天上的太阳、月亮，地上的树木、花草，甚至是社区里的秋千、健身器材等，都可以成为他们交谈的对象。

在这一阶段，可以从复述言语和故事入手，大人讲一句，孩子跟一句，从简单规范的短句教起。如"宝宝爱看书"、"我要小便"等，然后教长一点的句子。要讲普通话，把词吐清楚，力求说得准确。

这个年龄段的孩子都喜欢听故事，可以引导孩子简单复述故事中的部分或者全部情节，只要孩子能说出个大概，哪怕是几句话都要热情鼓励和称赞。刚开始孩子会很吃力，妈妈可以根据故事过程用提问的方式加以引导。

我在给元元讲《莎娜的雪火车》时，是这样引导的："有一天，莎娜和鲁鲁发现了什么？"孩子会说"雪地上有两行印"，接着我附和着问，"然后他们做什么了？""搭了雪火车。""火车上有谁呀？""莎娜和鲁鲁，后来又有狐狸、狼……""对，他们都想坐雪火车。他们开着火车，顺着印走，发现一个……""一个大雪山，站起来了，变成一个大雪人。""那两个印是谁留下的？""雪人。他用雪橇留下的。"……直到孩子讲完。

值得注意的是，妈妈在教孩子学语言的同时，也要注意自己的语言。不要自顾自地说，因为这会使孩子只听而无机会说；不要提问题太多，因为孩子在诸如"这是什么"一类的问句中，并不能学到什么语言，反而增加他们的紧张。

妈妈要在孩子回答后，适时肯定并重复孩子的话，在重复的过程中，用规范的语言调整孩子的回答，不露痕迹地帮助孩子增加词汇量，帮助孩子掌握词句的规范用法。

例如，孩子说"小花猫在尿尿"，妈妈答"你观察得很对，这只小花猫在花园里小便，它在给花草浇水施肥呢"。这样，孩子从反馈中得到的启发会更多，他可能会接着问"施肥是什么意思"，这样，便促进了孩子的思考。

不要使用复杂的语言教孩子，而要使用短句，并且突出所教的单词，把它放在句子中，不要只说不演示。要充分调动孩子的视、听、嗅、触等各种感觉器官，辅以相应动作，使孩子懂得说话的意思。

⭐ 妈妈箴言

妈妈培养孩子语言表达能力的主要任务就是丰富他们的词汇量，增强他们说话的连贯性。

妈妈不要使用复杂的语言教孩子，而要使用短句，并且突出所教的单词。

妈妈自己不要自顾自地说，因为这会使孩子只听而无机会说；妈妈不要提问题太多，这会增加他们的紧张。

妈妈要在孩子回答后，适时肯定并重复孩子的话，在重复的过程中，用规范的语言调整孩子的回答，不露痕迹地帮助孩子增加词汇量，帮助孩子掌握词句的规范用法。

赠人以言，重于珠玉；伤人以言，重于剑戟。

——孙子

如何培养孩子的专注力

在孩子专心做事时，妈妈及家人最好也坐下来做些安静的活动。

孩子年龄越小，控制注意力的时间越短。幼儿一次集中注意力的时间至多也只有 15 分钟，这是由于孩子的神经系统发育还不够完善。注意力不集中这种情况将随着年龄的增长逐渐好转，然而我们并不能被动地等待孩子自我发育的完善，否则将影响孩子将来的学习效率。

仔细观察孩子，我们会发现无论个别差异如何，只要是喜欢或感兴趣的事物，孩子都会集中注意力。

查看各种不同的有关提高注意力的文章，可以发现锻炼注意力的大原则，无外乎：一是让孩子在一定时间内专心做好一件事；二是给孩子创造不受干扰的环境；三是尽量让孩子钻研有兴趣的事物。

首先，帮助孩子把目标具体化。

心理学研究表明，人很容易受短期的、比较具体和明确的强化物所左右，而不容易受遥远的、比较抽象和模糊的东西所影响。学习虽然意义重大，涉及孩子未来的生存和发展，可对孩子而言，毕竟是比较遥远和抽象的；而看电视、吃零食之类的事情是一种十分明确的诱惑，可使孩子获得即时的满足，因此孩子常常不能抗拒后者的吸引。为此，就特别需要父母想办法，把一些长远的目标具体化，增强它们的激励性。

其次，减少干扰因素的影响。

一般来说，年纪小的孩子注意力稳定性差，容易因新异刺激而转移，这是学前期幼儿的普遍特点。当孩子安心做一件事时，父母要为孩子营造一个安静、简单的环境。例如，孩子玩安静游戏或看图书的地方应远离过道，避免他人的来回走动影响孩子的活动；墙面布置不应过于花哨；电视、糖果等可能吸引孩子注意力的物品也应摆放在较远的位置。

特别要注意的是，不应随意打断孩子而让他做另外的事。我们经常会看到，孩子正聚精会神地玩着插塑或搭积木，妈妈走过来问问孩子吃水果了吗，一会儿奶奶又走过来让孩子去喝果汁，爸爸又叫孩子帮忙去拿样东西。孩子短短几分钟的活动被大人们打断数次，时间一长，自然无法集中注意力。

在孩子专心做事时，家人最好也坐下来做些安静的活动，切忌在旁边走来走去，打扰孩子。

我认识的一个男孩子今年刚刚考入北京航空航天大学。印象特别深刻的是十多年前，孩子的父母曾告诉我，这孩子最大的优点就是做事专注。小时候，孩子是姥姥带，姥姥喜静，爱织毛衣，或是缝补衣服。每当姥姥静静地做这些事时，孩子也在一边安静地玩耍，久而久之，就养成了注意力非常集中的习惯。这个习惯对孩子的学习生涯有很大的帮助。

再次，让孩子集中精力干一件事。

家长要注意孩子平时的表现，当孩子做事不彻底时，要鼓励他把事情做完。不管是在孩子玩积木还是画画时，都不要把所有的玩具和用具一股脑儿摊在孩子面前，以免分散孩子的注意力。

有一些训练注意力的方法也是可以尝试的。比如，和孩子一起，每天专心听时钟的滴答声，第一天 10 次，第二天 15 次，第三天 20 次，逐次增多，每次都十分专注地聆听，坚持下去，就可以养成专心注意的习惯。再如，可以让孩子盯住一张画，然后闭上眼睛，回忆画面内容，尽量做到完整。回忆后睁开眼睛再看一下原画，如不完整，再重新回忆一遍。这个训练既可以培养孩子注意力集中的能力，也可以提高孩子注意更广范围的能力。

最后，要培养孩子的兴趣。

凡是心理上厌恶的东西，行动上就容易自觉地同其决裂，所以，一定要从孩子感兴趣的事情中选出一项让孩子坚持下去。因为孩子的经验不足，感兴趣的东西有限，所以要尽量让孩子多接触新事物，从中培养兴趣。兴趣是最好的老师，孩子感兴趣才有可能坚持下去。

真正训练开始前，妈妈先要寻找孩子的兴趣爱好，然后在他的爱好中挑选文静的活动，如讲故事、画图、拼图……从这些内容开始训练注意力，每日多次，每次几分钟，直到注意力不能再集中时停止。可挑选讲故事作为训练注意力的项目之一，具体做法是：讲故事前，先与孩子面对着面、手拉着手坐好，再开始有声有色地为孩子讲故事，并经常用眼神、体态、语言与孩子交流，还可用提问形式让孩子参与讲故事。直到发现孩子的注意力实在无法坚持集中时，立即宣布"今日故事讲到这里，明日继续"。随着听故事时间的延长，注意力的提高，可以发展到让孩子听 MP3 播放的故事。其他活动形式也可按类似方式进行。

⭐ 妈妈箴言

　　帮助孩子把目标具体化。把一些长远的目标具体化，增强它们的激励性。

　　减少干扰因素的影响，不应随意打断孩子而让他做另外的事。

　　让孩子集中精力干一件事，当孩子做事不彻底时，要鼓励他把事情做完。

　　凡是心理上厌恶的东西，行动上就容易自觉地同其决裂。

　　父母先要寻找孩子的兴趣爱好，然后在他的爱好中挑选文静的活动。

给孩子的五把金钥匙

不仅要科学地关注孩子的"起跑线"，更应关注孩子能否到达终点。

中科院心理研究所张梅玲教授这样提醒年轻的父母："要让孩子将来更成功，父母要给孩子五把金钥匙。"

第一把金钥匙是家长一定要关注孩子健康的体魄。现在小学生里面28％的视力不合格，初中是60％，高中是80％，大学是90％，因为视力不合格，有些事就不能做。目前青少年中7.2％营养不良，实际上是酸碱不平衡；7.5％的孩子肥胖。二十年来，孩子体重每年都在增加，身高也在增加，但是体质却在下降，肌肉力量、耐力、灵敏度、反应能力等在下降。高校自主招生中有一项就是测试学生的体质，教育部规定中考要加强体育分数，现在是30分，可能过两年要增加到50分，同时从5个项目增加到7个项目。所以，要关注孩子健康的体魄。

第二把金钥匙是保持快乐的心态。以乐观的心态培养孩子，教孩子以乐观的态度处理人与人的关系、事物之间的关系。所以，家长要给孩子快乐的心态，满足孩子的合理需求。另外，给孩子一些选择的空间和应有的尊重。

第三把金钥匙是良好习惯的养成。叶圣陶说，教育就是培养习惯。

在早期教育中让孩子养成良好的时间观念，就等于给了孩子知识、力量、聪明和美好的开端。对于孩子爱拖延的坏习惯，妈妈一定要用耐心和爱心帮助他逐步改正，不要操之过急。当孩子做事不成功，有畏难心理时，妈妈应当鼓励他、指导他，而不能一味地指责。同时也要注意总结方式方法，不断提高孩子自我管理时间的能力。

第四把金钥匙是灵活的思维方式。比如看问题不要太绝对，看问题要看到它的发展，和谐社会的基础就是和谐的思维方法。

第五把金钥匙是给孩子一个多彩的舞台。展示的面多一点，空间多一点。不给他舞台，他的潜力就发挥不出来。

首先，父母要注意真爱的教育，这是一种双向的爱。爱一个孩子，同时要让孩子懂得爱别人，这样孩子才能付出爱。爱的教育就是做人的教育。其次，是责任心的培养，的确，我们预料不出孩子在今后几十年所需要的技能，唯一可以确定有价值的事情，就是培养孩子的人格特质，例如诚实、毅力、应变力、乐观和同情心。千百年来，这些特质始终会让人受益。

人生是马拉松，父母不仅要科学地关注孩子的"起跑线"，更应关注孩子人生的"终点线"。

⭐ **妈妈箴言**

给孩子一个多彩的舞台。展示的面多一点，空间多一点。不给他舞台，他的潜力就发挥不出来。

与其把学生当作天津鸭儿填入一些零碎知识，不如给他们几把锁匙，使他们可以自动地去开发文化的金库和宇宙之宝藏。

——【中】陶行知

让孩子用自己的视角看世界

就观察而言，妈妈们要做的不是培养，而是唤起，因为孩子的观察潜力远远超越了成人。

我为元元的观察力感到震惊，因为他会经常纠正我的错误。"这个砚台的形状是个小老鼠呢。"我说。"妈妈，是兔子，你看，它的耳朵长长的尖尖的，小老鼠耳朵是圆圆的。"当我不确定是犀牛还是野猪，是狼还是狗时，他总能准确迅速地指出，让我倍感惭愧。

和孩子一起看《豚鼠特工队》时，我发现他有时会把豚鼠说成鼹鼠。"是豚鼠，孩子。"结果看了一会听对白才知道，豚鼠特工队里有三只豚鼠一只鼹鼠。真有一只鼹鼠！作为成人的我却一时分辨不出来。"你看，妈妈，那个躺在地上的就是鼹鼠。"元元等到那只鼹鼠的一个长镜头，赶紧告诉我。

也许就观察而言，妈妈们要做的不是培养，而是唤起，因为孩子的观察潜力远远超越了成人。

圆珠笔刚被发明出来的时候，人们总是不能解决一个问题，就是圆珠笔用到一定程度，笔尖部位就磨损严重使油墨漏出污染纸面。这个问题的解决却是因为一个小孩子的一句话，他天真地说："不想让油墨漏出来就不要等到它漏出来啊。"制造商就是因为这句话豁然开朗，与其研究怎么防止磨损笔尖，不如干脆把笔芯做短一点、细一点，油墨少一点，这样在笔尖还没有完全磨损的时候油墨就已经用光，只需要换笔芯就可以继续书写了。

孩子的观察和思考往往有意想不到的价值，因为他们虽然没有经验，但也没有刻板固定的思维模式，他们的思维远比一个成年人活跃，他们观察事物的视角也独特、非凡，常常给人以智慧的惊喜。

有一个在管理学书籍中常常被用来解释沟通技巧的真实例子，也很适合作为理解儿童思维独特性的范例，也许可以让妈妈们对孩子"另类"的观察和思考有更深的印象，对因心理投射作用而对孩子产生"误解"认识得更清楚。

在美国一档脱口秀节目中，主持人林克莱特采访了一个小男孩："你长大以后想做什么呢？"

小男孩不假思索地回答："我要当飞行员。"

林克莱特为了考验这个小男孩的反应速度，也为了增加节目效果，接着问："如果有一天，你的飞机飞到大海上空时，突然所有的引擎都熄火了，那个时候你会怎么办呢？"

小男孩想了想，回答说："我会告诉飞机上的所有人都要系好安全带，然后我会背上我的降落伞跳出去。"

小男孩说完这话之后，观众席上立刻嘁嘁嚓嚓地响起了不同的声音，有的人被他的童言童语逗得哈哈大笑，有的人为他的胆小自私摇头叹息。但在这些声音稍稍平息下来之后，观众却突然看见小男孩带着悲悯的神情，噙着眼泪继续说："因为我要赶快跳下去拿燃料！我还要回来的！"

所以，当我们认为了解自己的孩子时，我们是真的了解，还是在投射心理的作用下，自以为了解呢？我们对于孩子观察思考的方式，是否有足够的尊重？

好父母会洞悉儿童眼神流露的信息，看看他所看到的，体会他的感受，与他的心灵相通。他寂寞时，需要你的陪伴；发脾气时，需要你帮助他控制自己的情绪；害怕时，需要你的拥抱确保安全；好奇时，需要你耐心的指点；快乐时，需要与他所爱的人一起分享他的笑声和欢愉。

1.5～4 岁是孩子对细微事物感兴趣的关键期，这个时期他对泥土里的小虫子、衣服上的小图案，甚至一些我们大人根本没有注意到的细节，都能观察到。难怪有人说，孩子对细小事物的热衷，正是对大人日渐丧失生活热情、无视生活细节的生存现状的某种弥补。

观察力强的儿童，其智力水平明显高于观察力弱的儿童。观察力也是儿童心理发育的一部分，这种能力的发展是逐渐累积的。因此，智慧妈妈应保护好孩子善于观察的眼睛，引导孩子观察自然，观察社会，观察人生，确保孩子将来生活与处世的能力。

美国通用公司前总裁韦尔奇年幼时，从母亲身上获得了许多性格特质，终生受益匪浅。母亲擅长观察人、分析人的性格特征。她说，"在一英里之外就能嗅出骗子的味道"。对于遇到的每一个人，她总是要有所评论。这些评论不见得百分百准确，但却百分百地在韦尔奇幼小的心灵中种植了一种观察人、评判人的习性。这种习性，对韦尔奇来讲是太重要了。他后来曾经把商业成功的经验归结为六个字："人为先，策为后。"如果不能擅长于分析人，"人为先"的话就无从提起。

妈妈可以用神秘的表情、绘声绘色的语言、生动有趣的故事，激起孩子的观察兴趣。也可以用心创设观察环境，因为色彩鲜艳的物体和会活动的物体更能引起孩子观察的兴趣。观察对象具体、生动、活泼，不仅使孩子兴趣盎然，而且印象深刻、牢固。还可多鼓励孩子发现问题、提出问题，并给予赞赏的评价，使孩子持续感到成功的喜悦，也就增强了兴趣。

观察需要指导，可让孩子分两组观察一只小乌龟。甲组不做任何提示，然后让他们描述，结果只能说出四条腿、一个硬壳、脖子能伸缩等最粗略的特征，很不细致，也不准确。乙组的孩子按乌龟头、躯干、四脚、正反面的顺序进行观察。结果大不相同，单是头部，孩子们就能按顺序说出：头呈三角形、眼睛黑亮像一粒米大小、鼻孔细小像两个小针眼、嘴紧闭着像一条线一样……这种顺序，可按空间部位的不同，排出观察者或观察对象的观察顺序，也可以按时间来说，排出时间先后或情况变化的顺序。

达·芬奇初学绘画时，老师让他每天画鸡蛋，时间长了，他很不耐烦，老师提示他每个鸡蛋都是不同的，随着角度、光线的不同，同一个鸡蛋呈现在画面上也是不一样的。达·芬奇茅塞顿开，他不仅学会了应该怎样观察事物，而且学会了应该怎样去思考问题。于是，他继续苦练基本功，并创造了一种被人称为"薄雾法"的绘画技巧。

一位妈妈带女儿去公园踏青时提议来场比赛，看谁能最先找出春天的三种标志。一会儿工夫，女儿就找到了，她说："春风吹来暖暖的；柳枝上冒出了一点点小芽；还有小蚂蚁也出来了。"

妈妈鼓励她说："你真了不起！下面，咱们比比谁会欣赏大自然的音乐，听出春天美妙的旋律。"女儿闭上眼睛，倾听各种声音，每当有一个小小的发现她都会异常欣喜。

在带孩子游玩时，帮助孩子确定观察对象，明确观察目的，引导孩子用眼观察，用心感受，经常这样做，孩子就会留心周围事物，逐步改掉凡事漫不经心、视而不见的习惯。同时，这也会大大促进孩子的观察能力、写作能力、思维能力的发展。

生活中，孩子们经常会兴奋地向妈妈报告他们的新发现："小鸟是用草和泥做窝的"，"小猫和小狗都喜欢晒太阳"，"小鹅和小鸭都穿着同样的'黄衣服'，而长大了就不是了"。对于孩子来说，这些发现都是珍贵的，这时，妈妈要及时给予鼓励，这样孩子就越来越喜欢去发现、去思考。

孩子和动物有天然的联系，没有一个孩子不喜欢动物，所以观察小动物是很好的办法。比如，孩子通过养蚕，可以观察到蚕如何睡眠、蜕皮，怎样吐丝、结茧、变蛹，又怎样从蚕蛹变成蚕蛾等过程；用放大镜，可以放大雪花看看多棱多角的晶体，放大苍蝇看看爪子上的脏浊，放大蚊子，了解蚊子怎么叮咬并传播细菌等。这样既能把观察引向深入，又能刺激孩子对多元信息的捕捉。

曾周末带着元元去森林公园，意外发现河里有好多小蝌蚪，密密麻麻的。原来正逢青蛙繁殖的季节，我们用矿泉水瓶子和塑料袋捞了好多，回家后，元元负责给蝌蚪换水，喂鱼食。我给元元念童谣"小蝌蚪找妈妈，找到一个大青蛙"，向他讲解妈妈和宝宝的共同点是什么，为什么小蝌蚪不容易找到自己的妈妈……几周后，蝌蚪隐约长出腿了，我们一起放生，送它们回家。

还可以通过看图说话来训练观察力。看图时让孩子随着妈妈的讲解有目的地观察，比如，图画中有几种颜色，有几个人，发生了什么事，天气怎样，人物的神态怎样，为什么要做这些事等。

对于一些孩子容易混淆的事物，妈妈可以引导孩子采用比较的方法，让孩子找出他们之间的不同点和相同点。比如马和骡子或毛驴，虽然外表看差不多，但其中有许多不同之处，各自有其特点，只有通过比较才能准确地辨别。还可以比较小草和韭菜、日出和日落等。在观察中融入推理、总结和归纳，发展孩子的逻辑思维。

⭐ 妈妈箴言

　　在任何时候，妈妈的同理心，妈妈看待孩子的角度都非常重要。
　　孩子对细小事物的热衷，正是对大人日渐丧失生活热情、无视生活细节的生存现状的某种弥补。
　　孩子的思维远比成年人活跃，他们观察事物的视角独特、非凡，常常给人以智慧的惊喜。
　　孩子和动物有天然而质朴的联系，没有一个孩子不喜欢动物，所以观察小动物是很好的办法。
　　妈妈可以用神秘的表情、绘声绘色的语言、生动有趣的故事，激起孩子的观察兴趣。要在观察中融入推理、总结和归纳，发展孩子的逻辑思维。

理财，从两个存钱罐开始

> 妈妈们不妨让孩子拥有两个储蓄罐，加深孩子对"小钱"、"大钱"的形象认识。

几乎每个妈妈都为孩子准备了存钱罐。在我看来，教孩子有意识地存钱，不仅仅是鼓励孩子有积累金钱的意识，更可贵的是鼓励孩子设计一个目标，为实现目标持续坚持的那种努力。

元元4岁时，我开始教他有意识地为一个短期目标存钱。比如，孩子要买一件自己喜欢的玩具时，我会要求他用日常表现挣得的积分来兑换钱，存够了就可以买——我主动计划买给他的礼物不在其内。元元用自己攒的钱得到的玩具，总是更加珍惜。

所有孩子都下意识地喜欢存钱罐，在他们对钱的价值认识还懵懂模糊的时候，一枚枚闪亮的硬币本身就有着无穷的魅力。所以建议妈妈们不妨让孩子拥有两个储蓄罐，让他学会辨别钱的大小、多少和用途，加深孩子对"小钱"、"大钱"的形象认识。

比如，元元的小猪储蓄罐用来投放一角、五角的硬币，积累到一定数目的时候，把零钱取出来，跟我换一元的硬币，然后放到老虎储蓄罐里。我会告诉孩子，积累了多少个一元硬币后，就可以给自己买什么样的食物或玩具。这样，在孩子的头脑中，对钱就会有更直观的认识；通过积累，看到两个存钱罐里的钱越来越多，孩子很有"富起来"的满足感。

元元上中班后，幼儿园规定每月的托儿费都由去财务直接缴纳现金改为存入银行自动划转，我便和元元一起到银行，以他的名义开个户头。当元元在正规印刷的存折上见到自己的名字时，既兴奋又凝重，似乎能感觉到自己长大了，变重要了。

美国前总统肯尼迪就职后，美国媒体公布了他在 10 岁时向父亲递交的一张申请书，内容是请求父亲将他每月的零花钱由四角提到六角，但他的父亲约瑟夫没有同意这一请求。事实上，肯尼迪的父亲约瑟夫，是美国当时最杰出的五位企业家之一，他先后担任过美国证券交易委员会主席和驻英大使，肯尼迪家族也是美国最富有的家族之一。

消费能够让我们暂时化解心中的不快。购物所带来的快感几乎存在于每一个人的身上，在花光了钱袋中的金钱，购回了很多东西后，人的心情也似乎变得好了起来。

低廉的价格、对物品的渴望也是冲动消费的诱因之一。与冲动消费相伴随的，是自制力的虚弱。当一个人的自制力越来越弱的时候，他就会要经常承受后悔和痛苦的折磨。当我们一次性捧回一大堆并不实用的东西、摸着空空的钱包时，我们就会后悔。

面对孩子的消费冲动，父母一定要教孩子用理智来控制自己，提高自己的自制力。一个懂得在消费冲动时控制自我的人，才能留住手头的钱，把它花到该用的地方。如果任消费冲动控制自己，手头就总是空空的，也无法完成更多的理财计划。

让孩子制定购买计划和目标。冲动消费最容易发生在随意的逛街过程中，如果孩子有长期和短期的购物计划，就会为了那个计划去控制自己一时的冲动。比如，如果孩子一直都想存钱买个遥控车，而且每个月都按数字存钱，他就不会因为一个汉堡包或变形金刚而破坏了自己的计划，因为遥控车比那些东西对孩子的吸引力更强。

让孩子避开容易花钱的地方。父母在安排休闲活动时，要尽量避开那些容易花钱的地方，可以把孩子的空余时间安排去公园或博物馆之类公共休闲场所。充满着花钱机会的环境，非常容易激发孩子的购买欲望。

家长要提醒孩子：几乎所有的人都会有消费冲动，几乎所有的人都会有购买欲。但是，懂得理财的人却能控制住自己一时的冲动，理性地购物。这种控制消费冲动的行为，可以为他省下钱，帮助他完成自己长远的购物计划。

✦ 妈妈箴言

教孩子有意识地存钱，不仅仅是鼓励孩子有积累金钱的意识，更可贵的是鼓励孩子设计一个目标，为实现目标持续坚持的那种努力。

消费能够让我们暂时化解心中的不快。购物所带来的快感几乎存在于每一个人的身上。与冲动消费相伴随的，是自制力的虚弱。

如果孩子有长期和短期的购物计划，就会为了那个计划去控制自己一时的冲动。

让孩子制定购买计划和目标，避开容易花钱的地方。控制消费冲动的行为，可以为他省下钱，帮助他完成自己长远的购物计划。

知者不惑，仁者不忧，勇者不惧。

——【中国】孔丘

旅行的意义

只要走出去，就会有意想不到的收获。

2011 年 5 月，我带元元去香港迪士尼游玩，同行有三个小伙伴，都比元元大半岁。一路嬉闹奔波，回来后，我意外地发现元元竟理解减法了。因为之前一直没教过他减法，所以真的很吃惊。这应该归功于旅途中的小伙伴吧。当然，旅途的收获远不止于此。这次旅行以及共同旅行的伙伴，带给了元元很不寻常的一笔经验财富。

俗话说，"百闻不如一见"，"读万卷书不如行万里路"，"要想知道梨子的滋味，就得亲口尝一尝"。这些至理名言都告诉我们：生活就是学习，体验最重要。

书本上得到的知识毕竟是抽象而枯燥的，很多时候是左耳进右耳出，印象并不深刻，更难引起孩子的共鸣和思考。而通过直观感性的形象和自己的亲身实践所获得的知识，融入了自己的思考和体会，已经转化为自己思想的一部分。这样就把死的知识变为活生生的立体的东西，还原了生活丰富多彩的本质。最关键的还是由此而形成的思维习惯和动手能力，会让孩子受益终生。

日本学者木村久一写的《早期教育和天才》，其中有一部分介绍了卡尔·威特的父亲对儿子的教育方法。据说威特两岁以后，只要父亲有空，就会带他去参观所有的博物馆、美术馆、动物园、植物园、工厂、矿山、医院和保育院等，以开阔眼界，增加见闻。威特3岁以后，父亲就领他到各地周游。威特5岁时，几乎周游了德国的所有大城市。在旅途中，他们既登山，也去游览名胜；既去寻找古迹，也会凭吊古战场。回到旅馆后，父亲让威特把看到的写在信上，邮给母亲和熟人。回家后，还要做口头详细汇报。经过父亲精心而科学的培育，威特成长为一名少年天才，9岁就考入了莱比锡大学。

孩子从书本上得到的东西往往是被动的，缺乏关注的兴趣和消化吸收的内在动力。从实践中通过自己去发现、去总结的知识则是鲜活真实的，能够吸引孩子的注意力和培养他们不断探索的能力。

不管是农村还是城市，只要走出去，就会有意想不到的收获。孩子的观察力、自主能力就能得到提高，知识面也相应扩大。尤其是一些细节之处，给孩子留下的印象更深。

欢欢的妈妈带他去上海，坐出租车的时候，欢欢发现大众汽车公司的司机座后面都有张卡片，上面会画着一头牛或者一个草莓，还写着"56"、"42"这样的数字，就问妈妈这是什么意思。原来这是告诉乘客如果记不住车号，只要记住图案或者数字就行了，这是这辆车的"身份证"。这给孩子留下的印象非常深刻，回来他就给其他小朋友说，这也让孩子学会了怎样标记会更简单更明了。

一位经常带女儿出去旅行的母亲，曾这样介绍了自己的经验。

女儿6岁那年，我在书店买了本介绍全国旅游景点的书，每到一个地方旅行之前，我都会先在书上看一遍，然后用儿童容易理解的语言讲给女儿听，让她先有个初步的认识和了解。我想，让孩子带着问题去玩，不但锻炼了身体，同时也可以增长地理、历史等各方面的知识，这对孩子的身心健康和语言及写作能力都有好处。

随着孩子年龄的增长，我除了让她准备该带的物品外，还专门给她准备了一个旅行小背包。其实我知道孩子所能承受的重量，里面并没有装很多的东西，目的只是让她有合作的意识和小大人意识。

当我们在旅途中遇到不认识的路时，我会坐在一边请女儿来帮忙问路，这样孩子在旅行中不仅增长了许多的知识，还学会了与人交往的技巧，学会了如何处理问题。

在旅游中，买车票、住旅馆、进饭店、购门票，是不可避免的。假如妈妈有意识地要孩子去做这些事，那么孩子就可以直接接触到一些新的对象，了解新的知识。旅游结束，见识广了、谈资多了，孩子重新回到家庭和学校，就拥有了和以前不一样的自信。

旅行的过程，就是一个增长见识和能力的过程。因此，创造条件多带孩子出去走走、看看，一定收获丰厚。

增长见识当然不限于旅游，如果家庭条件不允许或工作太忙没时间，妈妈可以通过多带孩子走访亲朋好友；带孩子偶尔光顾高档一点的餐厅；每月抽出一天去音乐厅聆听经典；给孩子更多独自处世机会等方式，都可以让孩子见闻广博。

妈妈箴言

旅行的过程，就是一个增长见识和能力的过程。

旅游，带孩子走访亲朋好友，带孩子偶尔光顾高档一点的餐厅，每月抽出一天去音乐厅聆听经典，给孩子更多独自处世机会等方式，都可以让孩子见闻广博。

6岁以下的孩子最需要的是家庭的个别教育。他们注意力极易转移，情绪很不稳定，意志非常薄弱，不适合以集体教育为主；他们离不开父母的体肤接触，细腻的情感交流；他们在语言模仿、动作发展、性格塑造等方面都离不开父母的个别教育。

——【中】刘卫平

多动手的孩子更聪明

要从"趣"字入手，只有孩子在情感上进入了，才有可能
具有做事的主动性。

科学家观察一些工人学习数、理、化功课，比全日制学校的学生学得还要深刻，其主要原因就是，这些工人学员都在从事动手的工作，这种动手的工作，是激发智力才能的一种强有力的刺激物。

在人的大脑里，有一些特殊的、最积极的、最富有创造性的区域，当双手从事一些精细的、灵巧的动作时，就能把这些区域的活动激发起来，否则这些区域将处于沉睡状态。人的双手能做几十亿种动作，而手的动作又是和思维活动直接联系的。

灵巧的手是一个人大脑发育良好的标志之一。要想把孩子培养成创造型人才，就要自觉地培养孩子的动手能力。

培养孩子的动手能力，首要条件是从"趣"字入手，只有孩子在情感上进入了，孩子才有可能具有主动性。模仿是创新的基础，创新是模仿的新发展。可以通过各种活动，启发孩子的创造精神，促使他们通过"动口、动眼、动脑、动手"去发现问题，解决问题，以此来启发孩子的创造性思维。

杰出科学家卢瑟福的人生成就与他从小受到动手能力的训练是分不

开的。卢瑟福的父亲是一个聪明又肯动脑子的人，特别喜欢搞点"小发明"。在开办亚麻厂时，他用几种不同的方法浸渍亚麻，制造水车，他还设计过其他一些装置以提高生产效率。

为了培养和锻炼孩子，老卢瑟福经常让孩子帮忙。在父亲的指导下，卢瑟福也喜欢动手，他对周围的一切都感兴趣，年龄越大越表现出非同寻常的创造天赋。

童年时的卢瑟福曾发明了一种可以发射"远射程炮弹"的玩具炮，还巧妙地设计出增加射程的方法。稍大一些，他修好了家里一个搁置了好多年的坏钟，这让全家人大吃一惊，父亲也非常高兴。为了满足自己照相的欲望，卢瑟福用自制的材料和买来的透镜，制造出一部照相机。卢瑟福这种自己动手制作和修理的本领，对他后来的科学生涯起了极大的促进作用。别人无法做的实验，他总可以设法在自制的仪器上进行。

动手可以把理论与实践很好地结合起来。经常进行操作训练有助于养成细心、整齐、一丝不苟的学习习惯，而且可以培养孩子的实干精神。

牛顿从小就喜欢做各种手工，他把姥姥给他的零用钱积攒起来，买了许多工具，一有时间就动手搞制作，从制作小板凳到四轮车，从制作风车到有实用价值的水钟。这些手工制作活动，不仅提高了他的动手能力，更重要的是在动手制作的过程中使牛顿的思维能力迅速地发展了起来，为他 27 岁当教授、科学家打下了基础。

学龄前的孩子好动，有很强的好奇心理，他们对一切新鲜事物都跃跃欲试，培养孩子的动手能力，就应该从一些小事做起，比如扫地、收拾玩具等。由于孩子刚刚接触家务，手脚还不够灵活，常常会出麻烦，如桌子越擦越脏、地扫得乱七八糟等等，这时候，妈妈千万不可对孩子发脾气，要耐心地教给孩子做事的具体方法和技巧。妈妈的语言和动作要简练清楚，不要啰嗦，以免影响孩子的情绪。

在孩子操作过程中，妈妈要注意观察、及时指导，不断帮助孩子总结经验，使孩子明白怎样做会更好，妈妈还要注意多鼓励孩子。孩子做事往往不尽如人意，妈妈既不要多批评，更不能接过来自己代办，否则容易伤害孩子的自信心，使孩子产生依赖思想。

在日常生活中，还要注意孩子其他方面能力的培养，比如学习中的动手能力、游戏中的动手能力培养等，只有让孩子经常参与操作，才能使孩子在各方面的能力有所提高。

★ **妈妈箴言**

动手的工作，是激发智力才能的一种强有力的刺激物。

要耐心地教给孩子做事的具体方法和技巧。妈妈的语言和动作要简练清楚，不要啰嗦，以免影响孩子的情绪。

精明和智慧是非常不同的两件事。精明的人是精细考虑他自己利益的人；智慧的人是精细考虑他人利益的人。

——【英】雪莱

第二章

妈妈怎么说，孩子更聪明

知人不必言尽，留些口德；责人不可苛尽，留些肚量；锋芒不可露尽，留些深敛；得理不必争尽，留些宽容；得胜不必表尽，留些后路。

"今天有奇怪的事情发生吗？"

时时更新另类有趣的开场白，孩子会更爱开口。

⸻

　　每天清晨，牵着孩子稚嫩的小手，把孩子送到幼儿园大门，妈妈们总是按捺不住期盼的眼神，有一丝欣慰，也有几分担心，希望孩子能度过快乐的一天。回到家里，也巴望着孩子能主动提及幼儿园的活动。但许多孩子并不会积极配合妈妈的心理。以我的观察，4 岁之前的元元主动提及幼儿园的时候真的很少。

　　记得我小时候，被父母安排去邻居家借个啥送个啥的，回来后总会遭遇父亲的一番善意盘问，他会让我复述怎么打招呼的，对话的情形是怎样的。然后评判一下哪些方面做得文明有礼，用词得体。当时对这种"训练"颇有些不耐烦。长大后，才体会到父亲训练孩子表达能力的一番苦心。

　　口才从来不是一朝一夕就可以练就的，它需要不断地练习、练习再练习。对孩子进行系统的培训，让孩子养成良好的表达和沟通习惯，孩子更容易拥有自信、乐观的心态，与人相处时也更容易沟通无碍，顺畅舒服。

　　"今天有奇怪的事情发生吗？""今天有特别让你高兴的事吗？""今天学到打怪兽的招数没有？""哪个小朋友今天的表现很特别呢？""今天玩了什么有趣的游戏？""班上有没有英文名字叫 Deer 的小朋友呢？"

在晚餐及睡前，我喜欢和元元聊一聊幼儿园的情况，元元不喜欢太正式的开场，所以，我会像这样，时时更新有趣的开场白。如此一来，元元虽然不大会主动、详细地讲解幼儿园发生的一切，却可能就某个事件、某个细节发表一番议论。家中松散、随意的环境，可以让孩子自在地讲述一两个小片段，无需孩子选择语言形式及剪裁语言内容，孩子也不会感觉到任何心理压力；随着时间的推移，他叙述的愿望也就更强烈了。

之后，通过阅读、日常会话、伙伴游戏……孩子逐渐掌握更多的词汇，在语音、语气、语调、语速、姿态等形式方面及遣词用句、逻辑顺序、材料选择与组织等内容方面，也通过模仿和正规训练，得到更高层次的发展。

不要奢望孩子完整并出色地将一件事表达出来，妈妈的策略依然是耐心加鼓励。3～6岁，是孩子语言表达能力的启蒙和高速发展阶段，首先要鼓励孩子大胆地说——这个阶段的孩子本质上热爱表达，热爱在实践中验证自己掌握的新词。

其次要耐心倾听，不要随意纠正孩子不妥的用词，孩子由于经验、知识的局限，他们的表达可能出现用词、句式、读音等各种错误，等孩子说完后，直接换正确的词复述一遍，更为明智，善于模仿吸收的孩子马上就会牢记妈妈的委婉提示。几乎所有孩子都喜欢玩谐音字词，特别是还没正规学习识字的孩子，这是孩子对语言幽默的最初级的理解，对于这种练习，应该鼓励和赞赏。孩子可以因此触类旁通地掌握大量词汇。说得越多，就会说得越好。此时，妈妈一旦加以嘲笑，孩子便可能羞于开口，压抑了自己的表达需要。

还可以通过逐层深入的谈话提高孩子叙述的条理性。妈妈可以讲些随意的话题，引导孩子多说话，如"今天在幼儿园玩得高兴吗？"如果孩子的表述不清楚，你可以提示他从"在哪里玩的？室内还是室外？"、"有多少小朋友参加？"等等开始讲述。

还可以多向孩子提一些问题，由孩子自己来表述；当孩子表述出现困难时，换个角度进行提问，或是给出一些提示，切忌粗暴打断或是由家长"代劳"。

例如，知道今天孩子在幼儿园学了楚汉相争的故事，想让孩子复述，可以提示"很久很久以前有个中国皇帝是谁来着？""秦始皇。""秦始皇都做什么了？""统一中国！""是吗？那你给我们讲讲秦始皇的故事好不好？"……站在孩子的角度，循循善诱，他们的精细加工、组织语言的能力就会得到逐步改善。相反，妈妈若是面露失望，催促孩子"说啊！""然后又怎么了？"甚至于责备孩子"每回都这样，故事讲半截就没了"，如此种种，无疑会给孩子造成巨大的压力，并彻底扼杀了孩子自我表达的欲望。

有时候，妈妈因为工作忙，孩子叽叽喳喳地说话、询问令成人心烦，往往会喝令孩子"闭嘴"、"走开"、"一边去，别烦我"，这样做常常使孩子心情不快，沉默寡言。只有对孩子的口头表达抱有始终不变的热情态度，才能让孩子乐于开口、爱说话。

⭐ **妈妈箴言**

不要奢望孩子完整并出色地将一件事表达出来，妈妈的策略依然是耐心加鼓励。

孩子虽然不大会主动、详细地讲解幼儿园发生的一切，却可能就某个事件、某个细节发表一番议论。

这个阶段的孩子本质上热爱表达，热爱在实践中验证自己掌握的新词。只有对孩子的口头表达抱有始终不变的热情态度，才能让孩子乐于开口、爱说话。

事业常成于坚忍，毁于急躁。

——【波斯】萨迪

51

说"臀部"，不要说"屁屁"

表达要明确，界限要清晰，态度要果断，借助生活中时时闪现的契机，体验式学习语言文字。

在我周围，总有这样那样的声音："尿泡泡（小便）"、"屁屁"、"吃果果"，其实，直接说"小便"、"屁股"或"臀部"、"吃水果"，不但更准确，也避免以后二次传递正规语言的麻烦。事实上，孩子接受更高级、更学术化的语言，和接受一堆貌似"可爱"的儿童语，难度是一样的。并且，他们似乎对高级的东西更有兴趣。儿童天然喜欢雅致有序的高级事物，我对此深信不疑。

我曾经走过误区。在刚开始教元元认钟表时，我把时针说成"短短粗粗的针"，分针则是"长长粗粗的针"，以为这样更形象。结果，很长时间，一说"时针分针"，孩子就犯晕，总不停地确认："是那个长长粗粗的针吗？"这些不精确信息对他的认知构成了困扰，得付出更多认知成本。

3～6岁，是孩子一生中词汇量增长最快的时期，是语言飞速发展的时期。如果在这个年龄阶段，孩子的口语发展遇到障碍，即使以后再教育、再学习也是非常困难的，甚至完全不可逆转。

一位教育专家曾说："儿童对词语的使用和解释来自真实的生活，

来自语言环境，来自自身体验和语言的配对，来自听妈妈和老师阅读时对自己内在的体悟，来自同伴，来自自由地使用语言，来自成人的语言环境，尤其来自父母和教师。当父母和教师的语言简明准确时，孩子就有了发展语言的环境。"父母应不断地制造机会，帮助孩子更加清楚、明白地表达自己。

对于儿童来说，捕捉语言当下的感觉马上说出，非常重要。这是实践语言和语言思维的最佳模式。可以通过"你是想吃这个苹果呢，还是想要这个盘子？"这类可选性问题帮助孩子确定自己的想法，给他一个模仿的范式。而不是着急地问这样的开放式问题："说呀，想要啥？"孩子一紧张，更无所适从了。

当父母和教师的语言简明准确时，孩子就有了发展语言的良好环境。并且，孩子似乎对高级、精准的东西更有兴趣。因此，在给孩子讲故事时，对于经典的儿童读物，不要自己擅改语句，尽量原文照念，让孩子体验正规、准确的文字之美。听得多了，词汇不断丰富，口语水平就会提高。

和孩子说话的表情和神态也要自然平和。当我用夸张的表情大声给元元讲故事时，他有一个阶段会觉得新鲜有趣，兴味盎然，但之后，更多的时候，他央求道："妈妈，你别这样说，你平静地说。"孩子更欣赏自然、宁静的叙述方式，他们对事物有天然的审美判断。

语言文字的学习要做到有心无痕，还得借助生活中时时闪现的契机。这样自然的体验当然效果更佳。有时，我故意显出无知的样子："呀，这个圆圆的家伙是什么？上面还印着字。""是井盖！妈妈。"元元会因为掌握着这个知识点格外骄傲。"这些字写的是什么？给我念出来啊。"他接着说。我们就这样学会了"雨"、"通信"、"消防"等字。

⭐妈妈箴言

儿童对词语的使用和解释来自真实的生活，来自语言环境，来自自身体验和语言的配对，来自听妈妈和老师阅读时对自己内在的体悟。

不精确信息会对孩子的认知构成了困扰，得付出更多认知成本。

孩子接受更高级、更学术化的语言，和接受一堆貌似"可爱"的儿童语，难度是一样的。

儿童对自己的认识和评价大多是由他人对自己的评价得来的，来自父母的评价尤为关键。

和孩子谈话是智慧的交锋，也是一种个人修养的较量。

教师向儿童发问的问题，是整个教育学的细胞。如果能够把它放在显微镜下仔细观察一下，就可以从中认清整个教学过程的方向、师生关系的性质；也可以从中认清教师自己，因为问题——意味着教师的教育技巧和风格。

——【前苏联】阿莫纳什维利

废话越少，教育就越完美

只有觉得孩子的注意力的确是在她身上时，才应该进一步
发出指令。

表达要明确，界限要清晰，态度要果断。交流心理学通过大量的研究证实：55％的交流是通过肢体语言、脸部表情和手势进行的；38％的交流是通过语调和说话的方式进行的；只有7％的交流是通过内容和说话的意思传递给孩子的。父母与孩子的交流出现误会，原因就在于表达不明确。

一、表达要简洁明确，不要吞吞吐吐语焉不详含混其辞；神情要坚定平静，不要犹犹豫豫慌慌张张；用词要规范，不要说"奶话"等不规范语言，不要担心孩子理解不了书面语——就仿佛我们读一篇英文故事，几个难词并不会妨碍我们对文章大意的理解。何况，还有动作、语气、表情等加以辅助。特别要强调的是，对于3岁前的孩子，拥抱、亲吻、拉着他的手、温柔的语气、愉快的气氛都是交流中非常重要的一部分，这些环节能更明确地告知孩子，妈妈爸爸永远爱他，不管双方说什么做什么，都是如此。

二、许多大人会拖很长时间才给孩子制定界限，清楚和果断才能让孩子明确事情的界限。最好用比较独立的办法来解决不良的行为。比

如，有一段时间元元爱说脏话，我就给他规定一段说脏话的时间：5 分钟脏话时间。在这段时间里可以随便说脏话。孩子有了这份自由，而且说的时候也没人理会，很快就觉得无趣了。

"待在这儿，我现在就要和你说说！"从这种冲突中只能发展出使人难堪的僵局，孩子只会感受到大人愤怒的情绪却不知所措。等孩子大一点，还会伴随激烈的争吵。

三、要想得到孩子的配合，应该让孩子参与决定时间。不应该把孩子从他所做的事中硬拉出来，而是应该清楚地告诉孩子，什么时候孩子应该结束他所做的事。家长既要满足孩子探索的欲望，又要对孩子的行为进行引导，使他们的行为不妨碍家长制定的规则。比如可以和孩子商量好："再玩 20 分钟我们就回家。"然后在还剩 10 分钟、5 分钟和 1 分钟的时候分别提醒一次。有这样渐次的提醒，孩子就能充分感受到尊重，不会觉得拉着他脱离游戏是一种伤害。

和孩子交流时，一定要摒弃一切不正确的内容，一定不要讲模棱两可的话。要仔细选择明白易懂的字句，正确表达思想，还应做到客观。简洁明白的授课应该是对客观现象进行解释以及让儿童明确该做什么的一种说明。

这种引导的基本方法是观察法。观察孩子对对象是否感兴趣，兴趣持续的时间有多长等等。甚至应该注意孩子的面部表情，不要勉强孩子做出努力，否则他就不再懂得什么是儿童的自发积极性了。如果严格按照简洁、明白、准确的要求做了，而讲解后孩子却听不懂，那么有两点必须注意：

一是不要再这样做。

二是在有些情况下，妈妈要做得果断一些。比如，当妈妈要求孩子做某件事，而且这事要是她不严厉一点他就不会做的时候；当妈妈阻止孩子做她认为危险或令人厌烦的事的时候，都必须坚决果断。

妈妈要按照孩子的理解能力做出清楚的手势，为孩子提供另外的帮助。而且在任何情况下，只有妈妈觉得孩子的注意力的确是在她身上时，才应该进一步发出指令。妈妈的行为要始终精确地适应她的孩子的要求。

当危险要发生时，一个合格的母亲绝对不会发出温和的、缓慢的指令，而是用最高的声音以确保转移孩子的注意力。

小孩子会立刻察觉到父母的犹豫、内疚感并掌握父母的脾气。父母的这些态度导致孩子拒绝听话并得寸进尺地要求更多的特权，直到他们的无理取闹最终令父母的怒气不断积累，导致情绪的爆发。父母的消极容忍并不能避免不愉快，反而会导致最终对小孩的虐待。

想想你自己的心理机制吧。愤怒除了让你显得滑稽和愚蠢，没有任何作用。

★**妈妈箴言**

　　这种引导的基本方法是观察法。妈妈的行为要始终精确地适应她孩子的要求。

　　小孩子会立刻察觉到父母的犹豫、内疚感并掌握父母的脾气。父母的这些态度导致孩子拒绝听话并得寸进尺地要求更多的特权。

养成读书的习惯是一种不馋杂食的乐趣。

——【英】特罗洛普

用微笑化解孩子的小脾气

在拒绝孩子的同时还要尽量满足孩子的情感需求。

你不可能永远不让孩子发脾气。孩子发脾气时，不要过分介意，应帮助孩子平静下来。你当然不要让步，不能让孩子随心所欲，要通过讲道理让孩子心服口服地学会解决矛盾。如果采用稀里糊涂的迁就态度，他就会故意老发脾气。

家长不要与孩子过多地争论，因为正在发火的孩子没有心情认识自己的错误。如果你也发火，那就只能迫使他继续闹下去，或暂时屈服于大人的压力。正确的做法是给他一点面子，给他自己台阶下的条件，或者家长满不在乎地走开，干脆去干自己的事，孩子也会很快平静下来。

有的孩子倔强、傲慢，会哭闹一个小时以上，一直到家长做出友善的姿态为止。脾气发完后，他们可能表示想做点有趣的事情，或抱住父母表示愿意和解，这时家长要抓住机会给孩子讲简短的道理。

比如对于孩子的要求，妈妈要站在理性的角度，尽可能心平气和地和孩子商议。尊重孩子，告诉孩子理由，取得孩子理解，在拒绝孩子的同时还要尽量满足孩子的情感需求。抱一抱、亲一亲，用孩子能听懂的语言解释一下拒绝的原因。

如在玩具商场里，孩子一定要买一个上百元的变形金刚，而家里已有不少类似的玩具，这时妈妈不要直接回答买还是不买，可以引导孩子："前面还有更好玩的东西，我们赶紧去看看。"孩子一般会相信商店里还有更好的东西，这样妈妈可以带着孩子边走边看边讲解，孩子很容易将刚才的事情忘掉。

孩子在热闹的公众场合发脾气最使人发窘。把他抱起来，如果可能的话带点笑容，然后带他到没人的地方去。这样，你俩就可以在私下冷静下来了。

⭐ **妈妈箴言**

孩子发脾气时，不要过分介意，应帮助孩子平静下来。你当然不要让步，不能让孩子随心所欲，要通过讲道理让孩子心服口服地学会解决矛盾。

如果采用稀里糊涂的迁就态度，他就会故意老发脾气。

发明千千万，起点是一问。禽兽不如人，过在不会问。智者问得巧，愚者问得笨。人力胜天工，只在每事问。

———【中】陶行知

孩子需要友善的家长

说"我认为你那样敲尺子让人心烦",就比说"你真让人心烦"少了很多冒犯和挑衅。

————————————————●————————————————

对孩子具有同情心的父母很少责备孩子。

成长中的孩子,他们的特性是更多地记住刺激性强烈或自己印象颇深的东西。即使你只在孩子面前发过一次脾气,在孩子印象中的你也是一位情绪烦躁、充满抱怨的母亲,那种亲切、温柔的形象将被取代。

和孩子谈话不能随随便便说几句,就认为可以解决问题了。谈话是智慧的交锋,也是一种个人修养的较量,需要运用好自己的智商和情商。智商是讲,你所讲的道理,要说得过孩子的歪理;情商是讲,你要始终保持一个好的情绪,不发火,不恼怒,用耐心、苦心去说服孩子。谈话过程不是"剑拔弩张"的过程,搞得情绪激烈,甚至使孩子出现对立情绪、逆反心理,谈话实际上就失败了。

美国心理学家威廉·哥德法勃曾经说过:"教育孩子最重要的,是要把孩子当成与自己平等的人,给他们以无限的关爱。"所以在教育孩子时,妈妈要平心静气,尽量避免使用命令的语气,保护孩子的自尊心。

可以试着详细描述违反规则的行为，并避免使用"你如何如何"的第二人称表述。比如，说"我认为你那样敲尺子让人心烦"，就比说"你真让人心烦"少了很多对个人的冒犯和挑衅。

不友善的态度让孩子感到不安，觉得自己无能。如果这项活动符合孩子的素质，孩子是会发生兴趣的，加上父母的帮助和鼓励，就会达到预期的目的。

女孩需要家长给她明确的信息，让她知道自己拥有独特的气质，并且聪明、文雅、可爱、美丽、自信、开朗等等，避免她将来为讨好别人失去自我，引导她正视自己的价值，不会因为太过情绪化而失去理性。

男孩不会因天生是个男性就自然具备男子汉的性格，重要的是后天性别角色的培养以及对那些受他尊敬的男子汉的模仿。如果他父亲总是对他不耐心或生气，那么孩子不仅会感到与父亲在一起时不安，还会在与别的男人相处时感到不安。为了让儿子成为男子汉，父亲不该在他哭时叫他立即停下来，不该随意嘲笑他，应该对他表示高兴，待之亲热，并找机会单独带他去旅行。①

⭐ **妈妈箴言**

　　谈话是智慧的交锋，也是一种个人修养的较量，需要运用好自己的智商和情商。

　　谈话过程不是"剑拔弩张"的过程，搞得情绪激烈，甚至使孩子出现对立情绪、逆反心理，谈话实际上就失败了。

---

①引自（英）伊丽莎白·哈特利·布鲁尔，《自尊男孩手册》，田科武译，高等教育出版社，2009 年 5 月第一版。

当孩子感觉委屈时

让孩子有一个放松的心态，皮实一点，不那么敏感易怒，才能有真正的自尊。

———————————————●———————————————

有一次提前去幼儿园接元元参加一个音乐活动，发现他正背着书包被老师罚站在门口。老师很诧异我的到来，旋即气愤地当着元元的面大声列举元元的不当行为，这样一来，本还平静的元元小胸脯一起一伏的，立马眼里噙满泪水……

看见孩子孤零零地站在那里挨罚，我心里也不是滋味，然而老师怒气冲冲的样子让我觉得先行撤离是权宜之计。

在路上我安慰元元说："小孩子挨批评很正常，妈妈小时候调皮还被老师揪过耳朵呢，火辣辣的可疼啦！"我做出龇牙咧嘴的样子，元元马上破涕为笑了。

接着，我详细地问了事情的经过。原来，老师让大家安静时，元元跟着说了几声"大家安静"，就被惩罚了。

"看来元元很明白老师的想法，能迅速理解老师的意图，真不简单啊！"接纳孩子、认可孩子，是妈妈对事情进行评价的第一步。

我接着说："元元想帮助老师管理好大家，用心是好的，但是，老师并没有让元元做这件事啊，老师让大家保持安静，'大家'里面是否包括元元呢？"

元元点点头。

"那么，元元自己保持安静了吗？"

"没有。"

"这样做是不是影响了老师的工作呢？所以老师会有些生气，对吧……如果老师请元元帮忙管理大家，这样做没有什么错，既然没有请，就要按老师的吩咐去做……"

明白了道理，元元的表情也越来越轻松，释然。

通常，即便不认可老师情绪化的管理方式，我也不会在孩子面前表露出来。元元所在的公立园，到下午快下班时一个班往往只有一个老师，却要管理30多个孩子，孩子在园里呆了一整天很容易疲倦烦躁，矛盾、冲突很容易发生。我会经常向元元强调，老师也有做错的时候，老师做错的时候是由园长管，作为学生，元元要永远尊敬老师，觉得不开心的事情可以回家告诉妈妈，也可以和老师单独提出来。

元元放学后，会很自然地告诉我"今天老师又说了我三次"、"今天老师只说了我一次"、"今天被罚站啦"，从不担心我会因此呵斥他，我也绝不会这么做。毕竟孩子就是孩子，在家里父母的批评没准还更频繁更严厉呢。

在孩子的成长过程中，在幼儿园受委屈是比较普遍的问题。幼儿园也是一个小社会，那么多孩子在一起难免会发生一些摩擦，而且，由于每个孩子都来自不同的家庭，有不同的性格和想法，幼儿出现不良行为被批评，和同伴之间发生纠纷受了委屈，这都是非常正常的。关键是父母怎样帮助孩子，对孩子进行正确的心理疏导，才不至于影响孩子今后的学习生活。

不管是私立园还是公立园，妈妈首先要对机构有基本的信任，并把这种信任传递给孩子，从小培植出孩子对老师、对权威的尊重，从正向角度建构人际关系，避免孩子交往中处处碰壁，总是扮演"受害者"的角色，陷入恶性循环。

同时，要学会自嘲，自我解脱，幽自己一默。让孩子有一个放松的心态，皮实一点，不那么敏感易怒，才能有真正的自尊。

⭐ 妈妈箴言

妈妈首先要对机构有基本的信任，并把这种信任传递给孩子，从小培植出孩子对老师、对权威的尊重，从正向角度建构人际关系，避免孩子总是扮演"受害者"的角色。

最好让学生讲得多些，而教师讲得少些。

——【德】第斯多惠

赞赏是最省力最有效的教育方式

　　时刻处于批评眼光注视下的孩子，不仅真的会变傻，精神也可能会枯萎。

- - - - - - - - - - - - - - - - - - - ● - - - - - - - - - - - - - - - - - - -

　　一个小男孩有个坏习惯，刷完牙总是忘记把牙膏牙刷放回原位，每天都需要妈妈提醒他。有一天，妈妈注意到他终于记得把牙具放好了，正暗自欣喜，没想到第二天，孩子又开始乱放牙具了。妈妈很纳闷，问他为什么。孩子回答："因为我昨天放好了，你却什么也没说。"

　　我发现一个有趣的现象。

　　每次我当着元元面夸赞其他小朋友时，元元总会追问一句"那我呢"、"我做得好吗"、"我也懂事吗"、"我可爱吗"这一类的话，以求得到我的确认，建立自信。所以，我总是尽可能在夸其他小朋友时，也表扬元元的某个优点，避免引起他的疑虑。

　　心理学家威廉·詹姆士说过："人性最深切的渴望就是获得他人的赞赏，这是人类之所以有别于其他动物的地方。"

　　对于孩子能独立做一些简单的事件，哪怕是做得还并不是很好，只要自己动手做了，也要及时给予孩子适当的夸奖，以激励孩子自己动手做事。不要以成人做事的标准来衡量孩子。不要觉得孩子只是完成了一件微不足道的小事，太正常太普通了而不去鼓励他。

孩子的能力远远不及成人，如果非要孩子做到和成人一样的效果时才承认孩子做事的价值是很不实际的。对于孩子的鼓励越及时越好，能当场鼓励效果最佳。孩子得到妈妈的认可会更有自信，当他觉得自己做了事也没有得到妈妈的认可时就容易产生挫败感和自我怀疑，缺乏向上的动力。

为了培养起孩子自信的性格，父亲为爱因斯坦买了积木，让他搭房子，搭好一层，便表扬和鼓励一次，结果，爱因斯坦情绪高涨地一直搭到了 14 层。

曾在日本 NHK 电视台任妇女少年部长的评论家江上藤女士小时候常被大人批评"这孩子器量小"，据说是从乡下回来的爷爷，把她从劣等感中解救出来。有一次爷爷当着许多人的面说："这孩子招人喜欢，非常可爱。"她心里非常高兴，后来就不断努力给别人以好的印象。如果没有她爷爷的那句话，江上藤可能永远摆脱不了对容貌的自卑感，也就可能没有后来的成功。

世界三大男高音歌唱家之一帕瓦罗蒂还是个孩子时，祖母常把他抱在膝上对他说："你将会成为一个了不起的人物，你不久就会明白的。"后来他当了小学教师，偶尔唱唱歌。但他的父亲不断鼓励他，说他唱歌很有潜力。他在 22 岁那年从事保险业，从而争取到比较充裕的时间发展唱歌的天赋。成名之后他说："如果没有父亲的激励，我就永远不会站在舞台上。老师培养训练了我，但是祖母的那句话让我用勇气和信心走向成功。"

孩子的年龄越小，越需要外界的鼓励。小学阶段的儿童，尤其是小学低年级的儿童，他们对自己的认识和评价大多是由他人对自己的评价得来的。也就是说外界的批评或表扬，在很大程度上影响着孩子的情绪或行为。

如果父母想要对孩子有所奖励，那么，一句真心鼓励的话语、一个充满感情的拥抱都可以激励孩子，让孩子取得更大的进步。如果孩子真的表现得非常好，父母不妨请孩子看一场他期待已久的电影，给他买一个他很想要的书或玩具，带他开始一次他向往的旅游……这些都是对孩子最好的奖励。

不知道妈妈们有没有注意过正在挨训的人的表情。处于批评中的人，往往仿佛僵住了一般，神情呆滞沮丧，沉默不语；或者表情愤怒，暗中较劲。在一个孩子们被逼迫成长得太快、太匆忙的世界中，时刻处于批评眼光注视下的孩子，不仅真的会变傻，精神也可能会枯萎。

家长对孩子严加要求本身没什么错，但要用"不图回报的爱"来调剂他们对于严厉的偏爱。没有什么东西比遍及家庭的愉快心情和充盈房间的笑声，能更快地使孩子们枯燥、脆弱的神经恢复活力。

妈妈的尊重是幼儿的精神食粮。孩子的自尊是通过妈妈对其尊重培养出来的。尊重意味着你必须将孩子看成是独一无二的"人"，尊重他的个性，多对孩子伸出拇指而不是食指。

良好的亲子关系是教育孩子最重要的基础，要知道好孩子都是夸出来的。

有一项调查显示，在"孩子从父母那儿最想得到的承诺"7个项目排名中，"得到父母的肯定"居首位。将心比心，有哪位成人不喜欢听恭敬话吗？成人尚且如此，何况孩子呢？妈妈的赞赏对于孩子就像阳光对小树一样重要，从妈妈的赞赏中，他们体会到成就感、荣誉感，感到自己有价值，有利于形成孩子积极进取、负责任的良好性格。

生活在批评之中的孩子，学会了谴责；生活在敌意之中的孩子，学会了争斗；生活在恐惧之中的孩子，学会了忧虑；生活在讽刺之中的孩子，学会了害羞。

一句话，可以改变孩子的一生。

在原本觉得自己很棒的事情上被否定了，这会大大打击孩子的参与热情。奖励与惩罚，常常被妈妈视为管教孩子的两大法宝——通过奖励可以调动孩子做事的积极性，激励孩子向更好的方向发展；通过惩罚可以制止孩子的种种不听话行为，促使孩子养成良好的个性、习惯。

在美国的教育中，有一种方法，叫做"重塑芭比娃娃形象"。如果女儿向你要芭比娃娃，利用这个机会，你可以告诉她：她的身体要比芭比娃娃的好多了。如果父母不是通过说教的方式而是通过玩游戏的方式，这会更有趣，女孩也更容易接受。这个过程的目的就是教女儿接纳自身。

女孩子特别容易记住父母为她洗头、梳理、设计发型时的爱抚。父母这种直接坦诚的爱，会让女孩子对自己的身体产生自信，进而产生对自己身体的一种自我保护的本能。

⭐妈妈箴言

比较是自卑之源。要想孩子自信，一定要在夸其他小朋友时，同时表扬自己孩子的某个优点，避免引起他的疑虑和不安。

儿童对自己的认识和评价大多是由他人对自己的评价得来的。

家长对孩子严加要求本身没什么错，但要用"不图回报的爱"来调剂他们对于严厉的偏爱。

奖赏是人际关系的润滑剂，多赞赏别人，会使我们彼此之间的生活更快乐，对待孩子也不例外。

我们阅读以求了解或开窍并洞悉自身及周边的世界，我们不得不阅读。阅读，几乎如呼吸一般，是我们的基本功能。

——【加拿大】阿尔维托·曼谷埃尔

第一时间的认可，胜过一切奖励

奖励应是给孩子的意外之喜。

关于赞赏孩子，法伯和玛兹丽施所设计的方法真的很有效：

描述你所看见的（要具体），描述你的感受（要发自内心），把孩子值得赞赏的行为总结为一个词（要准确）。

这是一款操作性很强的方案，非常睿智，思路清晰，逻辑合理，使用时你会有很多意外惊喜。

妈妈："我看见桌子擦得很干净。"（孩子：我喜欢妈妈描述具体而非笼统的事。当她说"你真棒"时，我会有些麻木。）

妈妈："你一定非常认真地擦桌子了，这可需要一些耐心呢。"（孩子：妈妈的感受听上去很真诚，她真的了解我！我的确很费了些工夫。）

妈妈："这就叫做认真。"（孩子：妈妈总结的这个词我很喜欢，用这样的词来谈我做的事，我觉得挺高级的。）

描述你所看见的。孩子希望通过你的具体叙述确认自己所做的事。孩子表现好，不能只笼统地夸赞孩子"你真棒"，而应该具体指向孩子所做的事情，有针对性地夸奖孩子的行为，这样孩子才能认识到自己为什么棒，才能体会到自己这样做的愉快心情，最终会强化这种行为，把

69

好的表现坚持下去。

比如，两个小孩在一起玩，一个不小心摔倒了，另一个赶紧跑过去把他扶起来，帮他打净身上的土。这时，妈妈就应表扬得具体一些："你今天把小朋友扶起来，你做得真好，妈妈很高兴。以后和小朋友在一起玩耍，就要像这样互相关心、互相帮助。"

这种更具体的表扬方法，既赞赏了孩子，又培养了孩子关心别人、助人为乐的良好行为。孩子以后再遇到相同的情况，也就更容易做出正确的选择。

赏识孩子应该发自内心。小孩子敏感的心能马上判断出成人是出于真诚还只是敷衍应付，出于厌恶还是欣赏。赞赏自己的孩子，无论何时何地，都要发自内心，真诚，善意。一点点讥讽和不友好的调侃，都会让孩子跌入情绪低谷。

一位了不起的父亲总结道：

"孩子动作慢，我们看成是未来的快，是慢中生快；孩子粗心，我们看成是未来的细心，是粗中生细；孩子胆小，我们看成是未来的胆大，是小中生大；孩子成绩差，我们看成是未来的好，是差中求好；用这种赏识的态度对待孩子的缺点和弱点，孩子就不怕犯错了，现在的不行就会变成未来的行。

"越是胆小的孩子，越渴望胆大；越是粗心的孩子越渴望细心；越是动作慢的孩子越渴望动作快；如果还讲他胆小，粗心，这是哪壶不开提哪壶，是负面强化，就像头发少的人谈秃子问题，谁受得了？"

父母对孩子应该"优点不说不得了，缺点少说慢慢少"要把目光集中在孩子的优点和长处上，小题大做，无限夸张，让好孩子的"星星之火，形成燎原之势"。

孩子找到了天才的感觉，就能成为天才。

有一个小男孩，他在一家工厂做工。他一直梦想当一名歌星，但是，他的第一位老师却无情地对他说："你五音不全，不能唱歌。你的歌简直就像是风在吹百叶窗。"

　　他听了老师的话后，非常伤心。回到家后，他向自己的母亲——一位贫穷的农妇哭诉着这一切。母亲温柔地用手搂着他，轻轻地说："孩子，其实你很有音乐才能。听一听吧，你今天唱歌时比昨天乐感好多了，妈妈相信你会成为一个出色的歌唱家的。"

　　听了母亲的这番话，孩子的心情好多了。后来，这个孩子成了著名的歌剧演唱家。他就是恩瑞哥·卡素罗。后来卡素罗回忆自己的成功之路时，说："是母亲那句肯定的话，让我有了今天的成绩。"

　　也许，卡素罗的母亲从来都没有想到过自己的儿子有一天能成为著名的歌唱家，也没有指望过靠那三言两语去改变她儿子的命运，然而，正是因为她那句真诚的赞美，成就了那个时代最伟大的歌唱家。

　　有些妈妈经常下意识把自己孩子的短处和别人孩子的长处相比，甚至把别人的孩子过度地美化和夸张，她们这样做的本意是想给自己的孩子树立榜样，其实却给孩子带来巨大的伤害，甚至导致孩子自卑、嫉妒、悦人人格（以讨得成人关注和喜欢去做事的心理，以至于经常做出格或违背道德规范的事）等一系列负面结果。这种心理的背后，是妈妈自身的自卑心、虚荣心在作怪。

　　"人与人不同，花儿有几样红。"作为妈妈，不能只凭长相、成绩等某个方面就认定自己的孩子不如别人、没有出息，而要充满诚意地去发现他们的优点，挖掘他们与众不同的地方，要始终相信自己的孩子是优秀的，学会欣赏自家孩子的那份"别样红"。

　　把孩子值得赞赏的行为总结为一个词。0～6岁，正是词汇量积累突飞猛进的阶段，孩子对新鲜的词汇有浓郁的兴趣，把具体的行为概括为一个词，孩子可以明确一个词汇的真正含义，同时把这个词记得很牢固，这种正面的行为也同时得到了强化，每一次强化，都意味着在孩子幼小的心灵播下了一颗真善美的种子。

　　比如，"你能坚持一星期都不迟到，这就叫做懂纪律"、"能自己穿好衣服和鞋子,这就叫做自立"、"你主动把摔倒的小朋友扶起来,安慰他,这就叫做友善"、"说到做到,你这样做就是负责任"、"刚才你很疼,小朋友道歉后你马上就原谅他了,这就是宽容"、"把痰吐到餐巾纸里,再扔进垃圾桶,你真的很懂文明"……

此外,我再补充一条,第一时间认可孩子。每个人都希望在行动后第一时间获得别人的认同,孩子更是如此,尤其是来自妈妈的肯定。孩子通过自己的努力,在学习或者比赛中取得好成绩,这是多么值得妈妈赏识的事情!这时候,妈妈应该为孩子感到高兴,应该及时给予热情的赏识和赞扬。

妈妈回家发现陈林很不高兴,就问他:"怎么了孩子?有什么不开心的事情吗?"陈林听了后就委屈地告诉妈妈说:"妈妈,我今天跑步得了第一名,老师都夸奖我了,可是爸爸却一点都不高兴。"

妈妈听了很高兴地说:"是吗?第一名啊,真厉害!和妈妈说说,都是和谁跑的?"听了妈妈的话,陈林终于又高兴起来了,他兴奋地说:"老师让我们分两组,男生一组,女生一组。男生里我跑得最快,他们都不如我,被我落下好大一截呢!"

妈妈拍着他的头骄傲地说:"真是好样的,等会儿吃饭的时候一定要多吃点,这样才能让身体更强壮,以后还要跑第一名,好吗?"陈林高兴得直点头:"嗯,我以后还要跑第一名。"于是他不再烦闷不解,高兴地跑到了饭桌旁边,等待吃饭。

科学家发现常受到赞美的孩子比常受到责备的孩子聪明,因为赞美中含有创造性的元素。

妈妈适时对孩子的成绩给予赞扬,告诉孩子你因他的成绩而自豪,这将是对孩子极大的鼓舞,能促使孩子乘势而上,取得更优异的成绩。

所以,当孩子达到了某个既定目标,即使是取得了很小的成绩时,妈妈一定要在第一时间把这种赞扬和肯定传递给孩子,让孩子感觉到父母发自内心的赏识和期望,从而满怀自信地面对学习和生活。

　　人天生喜欢赞扬，不喜欢批评。孩子也不例外。赞赏是一种理解，更是一种激励。妈妈赞赏孩子，不仅仅是让孩子知道妈妈对他的爱和肯定，更是为了孩子从小就能建起自尊和自信，帮助孩子寻找自己的隐形翅膀。

　　在父母和孩子的关系中，应该机智地使用赞美和幽默。

　　赞美要具体，从细节入手，自然得体。具体地称赞孩子所表现出的良好品行，孩子会从中得到一些成就感。比如，孩子数数正确无误，不要来一句泛泛的"你真棒"，这样的夸赞没有实际意义，孩子只能从情绪上感到自己的行为讨大人喜欢，但不明白行为的内涵。可以夸孩子"你真的很会数数"、"你很懂数学"、"你对数字很敏感"、"你很擅长数学呢"……这样具体的赞美让孩子觉得妈妈的赞美是发自内心的，真诚的，观察入微的，同时也很明白自己哪方面很有潜力，从而形成良好的心理认同。

　　并不是给予的奖赏越大，越能增强孩子做好事的动机。心理学家认为，孩子的某种好行为，出于自身想做的愿望，以及他在做的过程中感受到的乐趣。

　　此时如果再附加外在的物质刺激，反而会影响其内在的动机。比如，妈妈为奖励孩子洗袜子，给孩子买玩具。等孩子再洗袜子时，很有可能是为了玩具，而洗袜子本身的乐趣已经大大减少了。

　　奖励是给孩子的意外之喜。如果先让孩子预期每次做什么事就有什么结果，会让孩子失去内在动机，而且今后容易做事过于讲条件。

　　总结起来，妈妈在奖赏孩子时不妨注意以下几点：

　　一、赞赏要及时。如果孩子早上按时起床，一定要在起床后就及时奖励："宝宝今天起得早，妈妈真高兴。"只要孩子出现了良好行为，有任何微小的进步，就要给予奖励，这样可以使这些行为得到强化，在宝宝的头脑中巩固下来。

　　二、赞赏要明确具体。要赞赏孩子具体的所作所为，而不要没完没了空洞地夸奖他多么出色。

当孩子表现出良好的行为时，不要只是笼统地说"你太棒了"，而是要有针对性。比如："宝宝今天主动向阿姨问好，真有礼貌"而不是"你表现真好"。

三、不要给宝宝太多的物质奖励，语言上的肯定和鼓励更为重要。

四、多赞赏付出的努力，少赞赏最终结果。

五、每天找出孩子身上的某个方面，进行赞赏和关注。

每天找出孩子身上的某个方面进行赞赏，包括他们的幽默感、交际能力和创造性。我有一个女友，相貌平凡，在人际交往中一直非常自然和从容，在工作中也有不错的成就。这和母亲从小对她的肯定有很大的关系。她有一个非常智慧、懂得发现的母亲，从小到大一直告诉她："你有一双非常漂亮的手。"这从很大程度上建立了她的自信。

六、提升赞赏孩子的理由。可以从思维能力（比如，作选择、出主意，以及解决问题的能力）、社交能力（比如，乐于助人、体谅他人、与人分享和解决冲突）、身体运用能力（比如，善用剪刀、擅长制作东西和体育运动），以及功课好等等提升孩子对自我的认定。

七、鼓励孩子自己评价自己的行为，而不是总指望你来评价。也可以让他们互相评价彼此的行为，使得赞赏并不总是只来自于有权威的人。

八、帮助孩子为自己的出色表现而感到自豪。假定某个孩子对自己的表现非常得意，你可以对他说："当你做完这件事之后，我希望你感到满意。"

九、如果孩子拒绝接受任何赞赏，对他大加赞赏不会有什么效果，可以选择一件你认为是他真正令人满意的事情，连续3周每天重复3遍，让他开始相信事情真的如此。

⭐妈妈箴言

　　孩子的某种好行为，出于自身想做的愿望，以及他在做的过程中感受到的乐趣。

　　鼓励孩子自己评价自己的行为，而不是总指望你来评价。

　　如果先让孩子预期每次做什么事就有什么结果，会让孩子失去内在动机，而且今后容易做事过于讲条件。

　　描述你所看见的；描述你的感受；把孩子值得赞赏的行为总结为一个词；第一时间认可孩子。

　　常受到赞美的孩子比常受到责备的孩子聪明，因为赞美中含有创造性的元素。

　　儿童所憎恨的教师是在任何时候也不能从让他那里得到表扬和承认什么事情做得好的那些教师。

——【前苏联】乌申斯基

学会与孩子聊天

孩子有时会挑衅父母的权威，父母要迅速从冲突中撤离，坚持底线，不和他纠缠。

同孩子谈话是一门艺术。妈妈要学会和孩子聊天，不要把谈话引向对立，走入死角。做到这一点所需要的是认同、理解与尊重孩子的意愿与认识。

你了解孩子话语的真正意思吗？"我的喉咙发出'吼吼'的声音，像怪兽一样，需要增加一些抵抗力……"如果你是我家的客人，肯定不会理解元元这句话背后的含义。几天前，元元的大姨送给他一瓶儿童天然维生素，我规定元元每天可以吃一颗。除非生病需要增加抵抗力的时候，可以多吃一颗。这天元元已经把他的"定量"吃完了，维生素酸酸甜甜的挺好吃，正巧喉咙里有些不利索，偶尔小咳一下，元元就想出这么个理由，希望妈妈能破例允许他再来一颗。

这就是孩子。孩子并不总是把他的意思表述得清清楚楚，他们经常会采用另一种表达方式向父母暗示。许多孩子在与父母沟通时都不会明显地表示出他的想法或需求，这也许是出于自卑的需要或是别的一些原因。在倾听孩子讲话时，如果你不够细心，那么就会忽略了孩子话语背后真正意思。

一些父母听孩子说话时总是一副心不在焉的样子，敏感的孩子往往会因此失去诉说的热情。如果父母对孩子以及孩子的活动表现出真实的兴趣，那么孩子就会感到自己是重要的，同时更加珍惜和成人在一起的亲密时光。

在孩子的生活中，有时需要母亲或父亲，特别是母亲在他身边听他讲话。当孩子经历着内心的失败、创伤或有失望情绪时，他们特别需要温情的安慰。孩子也很想知道他们的父母在分享他们的好消息时的心情。父母应使孩子感到你不是由于忙或急着做其他的事，而无暇听他们说话。

"我在听呢，我感兴趣，继续说呀。"专注真挚地倾听孩子讲话可以表明，妈妈很在意你，愿意倾听你的每一句话。有几种主要信号可以表示对孩子的注意：面向孩子，与孩子紧挨着坐，身体竖直或向孩子倾斜，眼神互相接触，用慈爱的目光注视着孩子。此外，应当避免紧张，并表示兴趣，面部表情和声调都是和蔼的。

要站在孩子的角度想问题。倾听别人讲话时，最重要的技巧是摆脱自己对问题的思想和感情，设身处地想想他人在经历着什么。有了这种技巧就能感觉到孩子情绪的波动，并将自己符合实际的看法告诉孩子。

孩子喜欢另类独特的开头，比如用有什么"超帅的事"、"超酷的事"、"滑稽的事"、"很好笑的事"、"和哪个小朋友玩得最开心"等开始聊天会更有趣。

要尊重孩子的独立意愿。在美国，大多数的父母认为，孩子从出生起就是一个独立的个体，有自己独立的意愿和个性，无论父母还是老师都没有特权去支配或限制他们的行为。比如，美国人讲究对孩子说话的口气和方法，孩子同大人讲话，大人不但要认真听，而且要蹲下来同孩子对话，使孩子感到你在尊重他。

美国人反对父母在人前教子，更不允许当着别人面斥责孩子"不争气"、"没出息"，因为这会深深伤害孩子的自尊心。家长带孩子外出做客，主人若拿出食物给孩子，美国人最忌讳代替孩子回答"不吃"、"不要"之类的话，也不会在孩子表示出想吃的时候对孩子呵斥。他们认为，孩子想要什么或是想看什么，本身并没有错，因为孩子有这个需要，任何人都没有理由来指责，只能根据情况适时适当地做出解释和说明，以做引导。①

特别注意的是，不要对孩子说很过分的话。

父母的情绪与孩子们的健康紧密地联系在一起，没有哪位家长在养育孩子的过程中不努力保持平心静气的。然而，父母在碰到某些事情而激动时，可能说一些过火的话。因此，当碰到一件比较棘手的事情时，睿智的父母会对自己的孩子说："我心里确实很难过，因此我现在什么都不想说。出去玩吧。等我冷静下来后，再找你谈。"要避免因说过火的话而伤了孩子的心。

龙应台曾这样比喻，随意说过火的话，然后道歉，就好比用刀子伤人之后说声"对不起"，伤痕不是那么轻易可以平复的。一而再、再而三的情绪失控，对孩子造成的伤害就好比反复揭开伤疤践踏，是极其残忍的事。

4岁时元元说的这句话让我大吃一惊："妈妈，有时候你对我也挺狠的。"不知自己曾莽撞地说过什么恶毒的话，让小家伙刻骨难忘。成人说的话，及成人的行为，会像刀子一样刻在孩子心上。

一年春节，元元回老家，家乡人素以性格豪爽火暴著称，孩子跟着公交车司机，很快学会了一句难听的话。并且，当天尝试模仿时，从成人震惊的反应中意识到这件事的有趣，从成人的尴尬表情中确定了自己的能力，于是他迅速把它开发为自己和成人之间的游戏，更频繁地使用。比如，最初是趴在我的耳边来一句："妈妈，我跟你说一句悄悄话啊"，然后神秘地说出那句话，笑眯眯地观察我的表情。其实，面对孩子稚嫩的笑脸，我心里又惊讶，又觉得非常搞笑。但我心知肚明，必须平静地表态，"这句话很难听，不文明。""我不喜欢听你说这样难听的话。"

①引自薛涌，《一岁就上常青藤》，中国青年出版社，2009年1月第一版。

78

"那为什么那些大人都说呢？"

"他们不文明，妈妈希望你做文明的人。"

这个游戏行为差不多持续了半年，孩子才终于完全放弃了尝试。

孩子有时会挑衅父母的权威，父母要迅速从冲突中撤离，坚持底线后不和他纠缠。曾经发生的一件事正可以印证这一点。元元一直对跆拳道有兴趣，于是我上网查了附近几个靠谱的地方，准备先带他去上一堂体验课。到幼儿园接他时讲清楚了，先去上体验课，再去小区花园玩，元元高兴地同意了。

上体验课要穿过花园，元元一眼看见好友扬扬，便死活不愿意去，非得马上和扬扬玩。讲了一通道理，生拉硬拽到上课的地方，又死活不愿意进教室。最后勉强旁观了 20 分钟，我带着他放弃，回家。一路上元元又吵着要吃饼干。本来带着饼干是怕他下课后饿肚子，既然没有上课，那就不能吃，回家正常吃饭再去花园玩。对这一番道理元元还是不服。嘟嘟嚷嚷回到家，他干脆摔起东西来。

我明白他是在故意挑衅滋事，一路都在借没有顺着他的心愿去和扬扬玩赌气，想看看自己究竟能将父母推到哪里，界线是什么，或者是想探知父母对自己怎么样，他们是不是有办法对付自己，有没有他们所谓的原则。我不会被这样的挑衅激怒，因为这正是孩子的目的。于是即刻撤离，平静地告诉元元，"你一开始不守信用，放弃上课，然后又不断提出不合理的要求，对不起，我觉得你今天不必去花园玩了。希望你自己想一想。""我还要把玩具还给扬扬呢？""玩具明天还。"结束谈话，我们正常吃饭，不再理他，吃饭时谈着别的话题，就像一切都没有发生。

元元安静下来，开始翻书。我瞥见一地的书，知道他内心还在焦躁挣扎，但气势已经没有了。他挑战父母底线的行动碰壁了。

孩子们十分依赖与父母之间的关系，只有如此才能有安全与归属感。父母的撤离，留给孩子一个孤独的感觉，这样的局势是孩子们很不喜欢的。他们很快会意识到，只有改善自己的行为才能避免这种局面，不然的话爸爸妈妈都会不理自己了，是很难受的事。

果然，吃完饭后我在电脑前工作，元元走过来，磨磨蹭蹭地贴着我，以表示自己现在很乖，不忘最后为自己争取一下，"妈妈可以带我去花园玩吗？""对不起宝贝，不能。妈妈很爱你，不带你去是想让你有时间静下来想想自己的行为。""妈妈带我去吧。"元元声音很小，带着哭腔。"我已经说过了，不会再重复，你可以去看月球探险光盘。""那好吧，你要和我一起看。""好。"我知道元元已经意识到自己无理取闹的错误，在设法调整自己的行为，想重新回到与父母合作的状态，就给他一个台阶下。

高高兴兴看完光盘，洗澡上床，元元这一天很早就入睡了。这样一场较量，可把小小人儿稚嫩的心给累坏了。但是相信这样的经历，让孩子对于界限和规则，会有深刻的理解。

⭐ 妈妈箴言

你了解孩子话语的真正意思吗？

一些父母听孩子说话时总是一副心不在焉的样子，敏感的孩子往往会因此失去诉说的热情。

孩子们十分依赖与父母之间的关系，只有如此才能有安全与归属感。在孩子无理挑衅时果断撤离，留给孩子一个孤独的感觉，会更快地赢得孩子的合作。

好书可引为挚友，一如既往，永不改变，耐心相伴，陶陶其乐。当我们身陷困境或处于危难，好书绝不会幡然变脸。好书与我们亲善相处，年轻时从中汲取乐趣和教诲，到鬓发染霜，则带给我们以亲抚与安慰。

——【英】塞缪尔·斯迈尔斯

家长说话不能太随意

知人不必言尽，留些口德；责人不可苛尽，留些肚量；锋芒不可露尽，留些深敛；得理不必争尽，留些宽容；得胜不必表尽，留些后路。

成人不经意说出的话，有时会对孩子造成巨大的伤害，而他们自己却浑然不知。要知道，偶尔以玩笑形式说出的生硬的话都会让孩子埋下自我怀疑的祸根。

无论是女孩子还是男孩子，他们对于批评要比大多数成年人更加敏感。时常数落孩子，不仅导致他们怀疑自己，而且他们会因为觉得辜负了父母而感到羞愧和内疚。如果孩子没能让他人满意，他就会认为自己令人失望，最终，他会觉得自己是一个受人嫌弃的窝囊废——尽管他可能将这种情绪深藏不露。

成人自以为是的价值判断，随意的教训，责骂，往往给孩子带来长久的伤害。忙乱之中，父母看不透孩子们背后付出的努力，只凭自己的直观感受做出判断，专拣碍眼之处评判的事时有发生，无意中，便将诸多禁令及否定性、侮辱性的字眼吐露出来。①

---

①引自（韩）林明南、千太阳，《上班族妈妈的教子宝典》，北京理工大学出版社，2010年6月第一版。

"行了，别再添乱了!"

"你还在磨蹭什么呀? 动作快点!"

"听不见妈妈和你说的话吗?"

"你是故意气我吗?"

"你傻了吗?"

"你怎么连这种事情都不会做?"

"这件事没得商量，不行就是不行!"

"不是告诉你不要做了吗?"

"妈妈叫你怎么做你就怎么做!"

"我哪儿也不会带你去!"

"我真希望压根儿就没有生下你。"

"你真讨厌。"

"你是不是听不懂中国话?"

......

倘若在毫无心理准备的情况下，沉浸于兴奋之中的孩子突然间听到这些话语，他会是什么反应呢? 父母每天絮絮不止的唠叨又会令孩子产生怎样的想法? 对此，有些妈妈会反驳，她们认为自己之所以说出这种负面情绪的话语完全是为了约束孩子的出格行为，但她们显然没有考虑到，孩子在听到这些话语以后是否会感到伤心、自卑。

有古语耐人寻味："知人不必言尽，留些口德；责人不可苛尽，留些肚量；锋芒不可露尽，留些深敛；得理不必争尽，留些宽容；得胜不必表尽，留些后路。"说的就是一个度的把握。

科学教育的效果会随时表现在语言上。家长如果能改变随意的说话方式，这种改变不仅是语言本身的准确，它还给了孩子一个良好的人文环境，更人性，更体贴。

大人犯错也是常有之事，更何况好奇心颇重、缺乏生活常识的小孩子呢?

孩子之所以经常犯错、闯祸，是因为他们行事之时目光尚很短浅，对于事态发展的预见性极低，因此即便在大人看来显而易见的事情，他们也会无法判断出后果。

但正因为如此，他们才能够通过这些经历，渐渐学会如何分辨是非对错，才能够判断出事情可行与否，才知道什么是危险什么更安全。每天都要经历的错误、失败或是挫折，会使孩子变得更加聪明、更有见识，并逐渐成熟起来。因此，在孩子犯错、惹事之时，父母不能只想着如何教训孩子。家长随意说出的话很易像刀子一样刻在孩子心上，造成难以挽回的伤害，最可怕的是，在孩子不断成长的将来，他会习惯于用这样的话伤害自己和别人。

⭐ 妈妈箴言

偶尔以玩笑形式说出的生硬的话都会让孩子埋下自我怀疑的祸根。

时常数落孩子，不仅导致他们怀疑自己，而且他们会因为觉得辜负了父母而感到羞愧和内疚。

科学教育的效果会随时表现在语言上。家长如果能改变随意的说话方式，这种改变不仅是语言本身的准确，它还给了孩子一个良好的人文环境，更人性，更体贴。

聪明的人更需要受教育。因为一个活泼的心灵如果不去忙着有用的事情，它便会去忙着无用的、有害的事情。正如田地愈肥沃，蒺藜便愈茂盛一样。

——【捷】夸美纽斯

不要拿恐怖的情景吓唬孩子

大人不应该用孩子还不懂的概念使他迷惑。

有一次和元元一起玩，忘了因为什么事元元有些生气，动手追着要打我——那时他还不到 3 岁。这时，朵朵妈妈一句话把他给镇住了："不许打妈妈，打妈妈的孩子会遭雷劈的。"回家的路上，元元猛地冒出一句话："那粤粤怎么还没死呢？"（因为他曾看到过自己的伙伴小粤粤打他妈妈。）

斯波克提醒我们，你会看到一个 1～3 岁的小孩听了太多的警告而担忧。两岁男孩的母亲老想用思想控制他。如："别碰医生的灯，你会把它打碎的，如果你打碎了，医生就看不见了。"孩子喃喃地说："医生就看不见了。"1 分钟后，他要出去，母亲又警告说："别出去，会迷路的，妈妈会找不到你的。"孩子思考了一下这新的危险，重复着说："妈妈找不到我了。"

让孩子听到那么多的倒霉事是不妥的，这会使他产生病态的想象。这么做和威胁没什么不同。两岁的孩子不该为自己行为的后果担忧。0～3 岁是孩子在实践中搜集经验的时期，大人不应该用他还不懂的概念使他迷惑。

对于会出现危险或孩子不能理解的情况，妈妈应把孩子带走，让他去玩有趣而无害的东西。当他再大一些时，要是他吃了苦头，得提醒他，对他说声"不，那不行"，再把他引开。如果他要求你作解释，你的解释应简短。他就会明白自己缺乏经验，需要靠监护人使他免遭危险。如果你的引导既婉转又不过分，孩子就会觉得很安全。

回到本节开始的那个话题，这个阶段的孩子，"打"只是他想要互动的一种诉求，绝不是真的仇恨或者想让人感到疼。对于孩子打妈妈的"罪行"，可以拉住他的手，直视他的眼睛，坚定平和地告诉他："这样做是不对的，我不喜欢这样。""我很疼，我不喜欢这样的感觉。"孩子终究是爱妈妈的，不希望自己给妈妈带来不爽，妈妈的这种反应一定会让他对自己的行为有所收敛。

★ 妈妈箴言

　　让孩子听到那么多的倒霉事是不妥的，这会使他产生病态的想象。

　　对于会出现危险或孩子不能理解的情况，妈妈应把孩子带走，让他去玩有趣而无害的东西。如果你的引导既婉转又不过分，孩子就会觉得很安全。

　　过度的严厉会造成恐惧；过分的温和会有失威严。不要严酷得使人憎恶，也不要温和得使人胆大妄为。

　　　　　　　　　　　　　　　　　　　　　　　——【波斯】萨迪

"印证性倾听"，一切引导的基础

在接纳孩子的基础上再去解决，孩子会把你当成同一战壕的盟友，更容易理解你，配合你。

印证性倾听（Reflective Listening），指的是听者必须试着了解对方的感受和想法，然后用自己的话把对方的意图表达出来，并向对方求证的表述方式：

"我刚才听你说你不想吃芹菜，是因为它的气味还是什么？"

而不是马上把自己的价值判断表达出来：

"你说你不喜欢吃芹菜，芹菜是很有营养的蔬菜，多吃身体棒哦！来，妈妈喂你一口！"

了解孩子的脆弱之处及其渴望被倾听和理解的需求，是家长的责任。

所有的孩子在被他人误解时都会感到极度沮丧。起初，他们只是感到恼怒。但是，当误解持续下去时，他们就会开始质疑他对自己的看法是否正常、合理和正当。

倾听孩子并不是说让妈妈消极被动地追随孩子，而是通过聆听孩子的解释洞见他的心理活动，把握契机，推进孩子的成长。

父母不能设身处地地从孩子的角度看问题，理解孩子的心情，就不能在心里真正地接纳孩子，很容易对孩子指责和批评，这种来自于父母主观意识的自我意识，会让孩子产生反感和受到伤害，与父母产生对立。同时，对孩子内心世界中需要得到引导和纠正的地方就不能产生建设性的帮助。

即使父母认为存在教训孩子的必要性，也要首先问清缘由，孩子为什么会有这种行为？当时又有怎样的想法？要留给他们一个解释的机会。倾听孩子并不是说让妈妈消极被动地追随孩子，而是通过聆听孩子的解释洞见他的心理活动，把握契机，推进孩子的成长。

同理心倾听有极强的治愈作用，可为别人提供"心理空气"。满足孩子精神上的需求，这时你才能集中心力解决问题或发挥影响力。

在任何时候，妈妈的同理心，妈妈看待孩子的角度都非常重要。小孩子看待时间与空间的方式与成人不同，这就是为什么一个 4 岁的孩子可以花很长的时间刷牙，因为他忘形于那种水从手指间流下来的美妙感觉；这也是为什么他总是不能理解距离爸爸下班回家到底有多长时间。

就 3 岁孩子的理解能力而言，两小时就像两天的时间一样长。告诉他"就像开车去奶奶家那么长的时间"可能会使他大哭起来，因为到奶奶家半个小时的车程对他来说很漫长。所以，遇到这种情况的时候，最好让这个年龄的小孩子与父母一起玩游戏、讲故事，让他与家长一起做家务，帮助他打发时间，而不是想方设法向他解释亲人下班回家到底需要多长时间。

当孩子认为其愿望总是被人忽略或遭到误解时，他们不仅会感到难堪，而且会越发怨恨和愤怒，以及产生更有害的自我怀疑。妈妈应该努力探寻孩子行为背后可能的原因和情绪感受，让他知道，他的监护人了解那些原因和感受。

重复他对你说的话，以确认你正确理解了他的意思：

"你希望妈妈不上班，一整天都在家陪你玩，妈妈天天上班你觉得难过，是吗？"

不管孩子的要求多么不符合你心中的理性，真正用心去倾听并试图理解孩子都是明智的。

对孩子表示了同理心之后，一旦我们起了个让孩子回答的头，就要学会耐着性子，并控制自己，允许他自由地把话说完，说出他对某件事情可能的感受。

记得有一阶段元元的分离焦虑很严重，每天我去上班，他都号啕大哭抱着我的腿不放——我清楚孩子没有形成理性，这样做是担心妈妈再也不要他了；他还是个小孩，希望得到妈妈不停歇的抚爱。

这时，我会按捺住心里的负面情绪，哪怕要迟到了也会耐着性子安抚他。我蹲下来轻轻抱抱他，然后和他说：

"妈妈知道宝宝舍不得妈妈上班呢，因为宝宝很爱妈妈，不想看不见妈妈，是吗?"

通常小家伙哭声会减弱一点，含着泪点点头。

"妈妈也爱宝宝，而且妈妈永远爱宝宝。"我直视着元元的眼睛，再次给他一个肯定。

"妈妈很喜欢陪宝宝玩；妈妈也很喜欢上班，和妈妈的同事叔叔阿姨一起工作。"

小家伙撇撇嘴，又要伤心的样子，但也会有些愣神，因为他搞不清妈妈上班是去干什么，对于自己并不是妈妈生活中的全部也会有一种懵懂的诧异。以我的经验，清晰地告知这一点很重要。妈妈对此也不必过多解释，否则会把孩子的头脑弄乱。

"现在是妈妈的上班的时间，下班后是妈妈陪宝宝玩的时间。妈妈上班的时候，元元和阿姨在家玩，妈妈下班后就可以和宝宝玩啦。"

确认妈妈还会再出现，特别是经过几次试验，实际情况也是如此时，孩子就会顺利平稳地度过分离焦虑期。

后来单位举办亲子活动，我趁机让孩子更多地了解到我的工作环境，我的同事和领导，以及我是怎样工作的。

父母应该明确地告诉孩子：我现在做什么工作，我的工作细节有什么，它对整个社会、国家甚至人类有什么意义等等。现在许多父母的确都很忙，但花点时间陪陪孩子，和孩子谈谈工作的酸甜苦辣，聊聊成功的幸福体验，对孩子是十分重要的。

成人要积极主动，而不要消极等待——预见孩子的情绪感受，如果你认为他需要，应主动给他以安慰。

我绝不会因为预见到孩子会哭闹而偷偷离家。正视问题是最关键的，如果不和孩子说再见就鬼鬼祟祟地离开，反而会让孩子起疑心，把问题复杂化。

为孩子提供庇护，并不意味着你永远都不理睬他的行为问题；安抚孩子也不是无条件地顺从孩子。如果毫无原则地一味迁就孩子，并不能真正解决孩子的问题。但在接纳孩子的基础上再去解决，会减少很多的阻力和对抗的敌意，孩子会把你当成同一战壕的盟友，更容易理解你，配合你，从而真正不带负面情绪地正视自己的问题，矫正自己的行为。

★ 妈妈箴言

不管孩子的要求多么不符合你心中的理性，真正用心去倾听并试图理解孩子都是明智的。

满足孩子精神上的需求，这时你才能集中心力解决问题或发挥影响力。

任何人都应该有自尊心、自信心、独立性，不然就是奴才。但自尊不是轻人，自信不是自满，独立不是孤立。

——【中】徐特立

"最后通牒"，不要随意说

父母在使用威胁、警告时一定要慎之又慎，充分考虑到它们被履行之后的结果。

一家美国人计划好一个愉快的假期，去迪士尼玩两天。驱车前往的路上，孩子们太兴奋了，不停地喧哗打闹，把妈妈的告诫当成耳旁风。中途下车休息的时候，妈妈和爸爸再次语重心长地向孩子们重申乘车规矩，以为孩子们能加以重视。汽车重新上路，孩子们很快就又开始打打闹闹。失去控制的妈妈忍不住下了最后通牒：再有一次违规就取消去迪士尼的计划！

不幸的是孩子们再次违规了。

爸爸把车停了下来，拉着妈妈来到一个清静的地方，严肃地说，说了就得算数。妈妈的恻隐之心起了作用，她开始后悔，央求爸爸能不能考虑再给孩子们一次机会。爸爸说这是对规则负责的机会，别无选择只能照做，否则，做父母的将来会更加被动。于是，到了目的地后，爸爸和妈妈去了迪士尼，孩子们被放在姨妈家，等到父母玩完后接上他们，再一起回自己家。

从那以后，孩子们再也没有出现过比这次旅行更恶劣的表现。

这件事留下的思考并不仅限于此。所有家庭成员对这件事都很难释怀。知道这件事的邻人和友人分成两派，一派认为做得对，这样才能让孩子们长记性；一派觉得不可理喻——孩子们生平的第一次迪士尼之旅竟然是这种结局：孩子们被父母抛开，父母单独去了迪士尼！

20 年后，孩子们都长大成人，他们也不止一次去了迪士尼，谈论起这第一次跨州之旅，他们对父母的做法表示理解，但认为在情感上依然难以接受。

不管怎样，这件事最有警示意义的就是：父母在使用威胁、警告时一定要慎之又慎，充分考虑到它们被履行之后的结果。

以下的例子也是同样道理。这个例子可能不太适用 6 岁前的孩子，但我还是放在这里，希望加深新手父母的印象，帮助大家更多地注意故事所传达的理念——同孩子讲话和同大人讲话一样，要负责任，不能妄下最后通牒。

卡其亚的生日在即，妈妈准备为她在家开一个派对，于是母女俩开始忙着发送邀请卡。

"维娜家的地址是多少号？"妈妈问。

"我不想邀请她参加。"

"怎么会？她是你的好朋友啊？"

"不，她不是。"

"这样讲不好，如果让维娜听见会怎么想？你也不希望她这样讲你，对吗？"

"我不管，我不想请她。"

"如果是这样或许你根本不该开这次派对。"

"可以，不开好了。"

话虽讲到这里，派对还是要开，生日一年一次，孩子们都很喜爱用这种方式庆祝生日，妈妈当然不愿让女儿的情感受挫伤，但如何找台阶下呢？妈妈不禁为自己说出去的话烦恼起来。

这里，妈妈很有些自食其果的味道。话是说出来了，却无法实现，让孩子意识到父母的话是没有多少分量的，可听可不听。

同孩子的谈话要讲究艺术，避免走入死角。做到这一点所需要的是认同，理解与尊重孩子的意志与认识。

比较起来孩子说话可以更随意一些，他们可以很快地转变态度，"收回"自己刚刚意气昂扬讲出的话，对父母提出完全相反的要求。这样一比，父母占了劣势，因为他们不能出尔反尔，去向孩子"耍赖"，因此要格外慎重，不能顺着孩子的逻辑向下走。

重温一下刚才的话，我们可以看到家长犯了这样几个错误：

首先，当女儿提出不让好友参加派对时，妈妈没有意识到这里有问题，应该去听一下究竟发生了什么过节，而是简单地说："她是你的好朋友啊！"以此来否定卡其亚的愿望或对维娜的不好感受，这样就给对话加上了阻力。当女儿很负气地说维娜不是她的好朋友时，妈妈还有机会让女儿说一说究竟发生了什么事情，但妈妈又一次使用了成人的判断：小孩子真是很片面很极端，或许她们有一些争吵，还没有平静下来，就这样"绝情"。

客观地讲是很对的，孩子之间今天吵了，明天好，还会有什么大事吗。用不着过问，几天就过去了。的确如此。但妈妈忽略了一点，就是对孩子来讲同好朋友闹矛盾是非常严重的事，她们很可能希望向妈妈抱怨一番，如果父母不能给孩子机会让她将心里的话讲出来，反而对她讲"你这样做不对"，在这种情况下，孩子不会认真听取、考虑你的意思，而是反应得十分极端。孩子的"不讲理"又进一步引发父母气恼，变得像孩子一样极端起来。

如果我们领会到孩子内心的真实感受，就会采取不同的态度来对待。

当女儿说出意外的话，不邀请好朋友参加派对，妈妈应当意识到这是一个"严重"的问题，因为女儿一定是生了很大气才会这样做。妈妈不应该依照成人的眼光将问题"缩小"。

"怎么，你们闹矛盾了？"这样表明妈妈注意到了女儿的情感，给予了应有的关心，给她机会表述一番。

"是的，她总是随便翻看我的书，你知道我最不喜欢别人动我的书。"

"她那样做让你很不舒服。"这样讲并未评论维娜的行为是否正确，但卡其亚却很高兴妈妈能够理解自己。

"是的，我同她讲过许多次，她总是这样，我很不喜欢。"

"要不要想想别的办法避免她动书?"妈妈的这句话顺理成章地将女儿引向问题的"出口"，自主地寻找解决问题的方法。妈妈当然可以提一些建议，女儿可能也会接受，但那样的话就剥夺了女儿自我思考和解决问题的机会。

"我可以将书柜锁起来，有些书放在外面，别人动也没有关系。"

"好主意，如果是这样，可不可以请维娜来呢?"

"我想没问题。"

表面上看，妈妈在这里给女儿设了一个"小圈套"，诱使女儿做出了妈妈认为正确的决定。公平地讲，这是一种教育孩子的技巧。我们当然希望能够对孩子直言不讳，用正确的道理"沐浴"他成长，然而同时我们应当考虑到效果。如果我们浇灌下去的甘露对孩子来说变成了令人厌恶的苦雨，拒绝领受，又怎能保证孩子顺利汲取到所需要的精神养料呢?

如果妈妈一旦向孩子发出了命令，那是一定得让孩子服从的，不然不利于以后的教育。

⭐ **妈妈箴言**

孩子的"不讲理"又进一步引发父母气恼，变得也像孩子一样极端起来。

和孩子讲话跟和大人讲话一样要负责任，不能妄下最后通牒。

表面上看，妈妈在这里给女儿设了一个"小圈套"，诱使女儿做出了妈妈认为正确的决定。公平地讲，这是一种教育孩子的技巧。

最好的办法是，让学生感受到同学们对他的行为的无声谴责，帮助他意识到同学们对他所犯过错的评价不是直接对着他的，使他自己为打碎了花盆，因他的原因而碰痛同学的脚而感到难受……我把这种教育的过程称为通过集体培养个性。

—— 【前苏联】阿莫纳什维利

和孩子交流的几个关键点

难道成人真的不需要孩子的关心、帮助和分享吗？成人的虚伪和自以为是反而令孩子困惑。

一、告诉孩子一些你的隐私或秘密

当孩子问父母："你为什么不高兴啊？"父母应该认真地考虑一下，是否应该与孩子谈一谈，怎么谈。如果搪塞道："没什么，很好。"或"不关你的事，去玩你的吧！"那就等于将孩子对父母的关心推开。孩子从父母那里所得到的信息就是：父母如何不关我的事。这等于父母自己向孩子关闭了沟通的渠道。

很多父母都认为孩子太小，很多事情不能告诉他们，尤其是自己的隐私或秘密，让孩子知道了，会是一件很丢面子的事情。当家里有困难的时候，有些父母会选择向孩子隐瞒，有的是因为怕孩子因此影响学习；有的是怕孩子受不了打击。但是，不管怎么样，孩子是家庭中的一员，他有权利知道真相，也有义务和父母一起渡过难关。

父母可以敞开心扉，向孩子谈论自己的困惑和麻烦，表现对孩子的尊重和信赖。如果父母能够把工作中的不愉快向孩子倾诉一下，不仅可以让孩子知道工作不容易，还可以让自己放松一下。

世上没有完美无缺的人。在孩子面前，以一种轻松的方式接受自己的不完美，承认自己的错误，不仅让孩子觉得你更亲近，从而加深亲子之间的感情，而且能把一种坦然的处世态度传达给孩子。

如果孩子知道他是跟你共享隐私或秘密的人，他就会更加信任你，你也就能更加容易地走进孩子的心灵深处。这种合理的期待，最好也能够让孩子明白。

二、和孩子交谈的时机

"孩子，让我们来谈谈！"如果你的谈话是这样开始的，结果往往是说话的只有你一个人。然而，在你和孩子一起结束郊游、开车回家的路上；和孩子去朋友家做客归来的路上；每天接孩子从幼儿园回家的路上；睡觉前关灯后，孩子沉静下来准备入眠的时候……这些时刻，因为孩子刚经历了比较长的一段时间，有很多新鲜的信息刺激，是孩子更喜欢滔滔不绝、喋喋不休的时候。要想多了解孩子的生活，就要多创造这些对孩子没有压力，和你一起活动的机会。

三、如何适当表现失望和遗憾

"我觉得很遗憾"、"妈妈有一点失望啊"……当宝宝惹人生气时，不需要用强烈的语气、恶劣的词汇，适当的叹词反而可以缓和强烈的情绪，轻轻地说出上面的话来评点孩子的行为，同样会有震慑的效果。孩子都不喜欢让父母失望，如果你过分表现出失望，就会给孩子心灵造成不良的影响。

四、坦然接受孩子的爱

曾经有人说过："爱是一个大口袋，装进去的是满足感，拿出来的是成就感、幸福感。"一旦妈妈学会感受孩子的爱，体验孩子的爱，孩子的价值得到了体现，能力得到了展现，才会产生无比的快乐。

有些妈妈忽略了孩子表达爱的机会，当孩子心中刚刚燃起爱的火花时，却被妈妈在无意中熄灭，时间长了，孩子就会逐渐失去表达爱的能力。当孩子想尝试帮妈妈擦桌子，你说："你不会，还是让妈妈来吧！""去，别捣乱了，一边玩去吧！这不是小孩子干的事……"当孩子给妈妈分享食物，你说："你吃吧，妈妈不喜欢吃。""妈妈不需要。"难道成人真的不需要孩子的关心、帮助和分享吗？成人的虚伪和自以为是反而令孩子困惑。

在这种情况下，只要大大方方地亲孩子一口，说一句"谢谢"、"真高兴宝宝会帮忙啦"、"妈妈好感动"……然后高高兴兴指导孩子做家务，或是接过宝宝递来的食物，做出吃得很香很享受的样子就可以了。

★妈妈箴言

要想多了解孩子的生活，就要多创造一些对孩子没有压力，和你一起活动的机会。

孩子是家庭中的一员，他有权利知道真相，也有义务和父母一起渡过难关。

如果父母能够把工作中的不愉快向孩子倾诉一下，不仅可以让孩子知道工作不容易，还可以让自己放松一下。

女人身上有某种超越所有人间之乐的东西：富有魅力的美德、令人销魂的气质、神秘而有力的动机。

——【英】罗·伯顿

信赖，是一切教养的基础

就是这些细节在无形中帮助孩子建立诚信意识。

当一个孩子稍微会说几句话，他能感觉到，他所使用的最具杀伤力的话就是"你撒谎"、"骗人"……

很多时候，是由于父母平时的不经意，丢弃了孩子对自己的信赖。

孩子从出生那一刻起，接触最多的就是父母，父母的一言一行开始深深地印记在孩子最初的记忆里，所以，父母理所当然应该就是孩子最信赖的人。只有孩子对父母产生充分的信任感时，也才愿意把自己的心里话告诉父母。父母是孩子的镜子，也是孩子模仿的对象，只有说话算话的父母才能在孩子心目中树立起威信来。

父母在与孩子对话时，千万不要说不可能兑现的话。就是这些细节在无形中帮助孩子建立诚信意识。

孩子非常信赖父母，对于父母的承诺，孩子也会信以为真。如果父母无意中辜负了这种信任，必将对孩子造成深深的伤害。

当你因为忙碌，忘记和孩子之间的约定的时候，当孩子质问你为什么将承诺忘了的时候，你一定要将真实的原因告诉孩子，千万别推卸责任和敷衍了事。

一诺千金不仅仅是简单地兑现某个诺言，更重要的是可以培养孩子遵守诺言的意识，这是一个非常重要的品质，甚至可以说是无价之宝。

在给孩子一个什么承诺之前一定要三思，不能随口说说敷衍孩子，答应孩子的事情就一定要做到。如果一时兑现不了，或者因为工作等原因影响了诺言的兑现，让孩子感到失望、委屈时，不可强迫孩子接受许诺不能兑现的结果。应主动而诚恳地向孩子道歉，把不能兑现的原因跟孩子讲清楚，取得孩子的理解和原谅，并在以后寻找适当的机会兑现自己没有实现的诺言。即使孩子暂时无法谅解，也不能用呵斥、教训的方式对待孩子，应该允许孩子发牢骚、表示不满。

父母错了，或违背自己许下的诺言时，如果能向孩子说一声对不起，可以帮助孩子建立自尊，同时能培养孩子尊重人的习惯。

★妈妈箴言

当你因为忙碌而忘记和孩子之间的约定的时候，当孩子质问你为什么将承诺忘了的时候，你一定要将真实的原因告诉孩子，千万别推卸责任和敷衍了事。

一忍可以支百勇，一静可以制百动。

——【中】苏洵

不要用"霸气"对待孩子

与其把注意力放在消灭孩子的缺陷方面，不如把注意力放在用生机蓬勃的爱来感染他们方面。

当子女做出令你反感的行为，立刻火冒三丈，把教训子女的真正目的抛之脑后，拿出家长的权威，迫使子女就范。表面上在眼前的冲突中得胜，实际上亲子关系出现裂痕。孩子表面顺从，但心服口不服，受到压抑的情绪，日后会以更糟的形式表现出来。

一位著名的人际关系大师有这样的理论："安全感"代表价值观、认同、自尊自重与归属感；"人生方向"是生命的追求方向以及决断所依据的原则；"智慧"是对事物的认知、理解与判断能力；"力量"则指采取行动、达成目标的能耐。

安全感与明确的方向可以带来智慧，智慧则能激发行动。若四者十分健全并均衡发展，便能产生高尚的人格、平和的个性与完美正直的个体。生活需要你以原则为重心。原则使人冷静发挥智慧，正确判断。

冲着孩子尖叫或斥骂会变成一种习惯，并且是毫无作用的习惯，精疲力竭又不奏效。那些讥讽指责的话，会深深地刻进孩子的心里，使孩子产生自卑感或排斥他人的心理。

小孩和大人一样，不喜欢别人对自己发号施令或指手画脚。

英国哲学家洛克曾经说："假如管教到了极严酷的地步，也可以治好目前任性的毛病，但是接着来的常是更恶劣、更危险的心情颓丧的毛病。"真正尊重了孩子，孩子才会懂得真正尊重年长的人，尊重父母的谆谆教诲。

含有"从不"、"永远"、"只"这些词语的对孩子的指责，是不应该用来对孩子的行为一概而论的。

倘若我们认为孩子的解释有道理，就要给予其理解与认可，反之，则要对他们的错误想法进行更正。

唯有爸爸、妈妈在家中尊重孩子的人格，才能够使孩子树立足够的信心，使他学会爱护自己；相反，如果父母轻视自己的孩子，外人自然更加不会尊重他，孩子本身也会将自己视为无用之人。

因此，在打算与孩子共同完成某事或希望孩子处理某事时，记得要婉转地对其加以劝导，而不是采用强硬的语气发布命令，最好能够及时给予孩子适当的提醒或是建议，使孩子自觉地做出处理。

不要用"霸气"来对待孩子，而是要有极大的包容度，用爱来感染孩子。教育家沙巴耶娃在自己主编的《教育史》中，曾引用别林斯基的一句话："与其把注意力放在消灭孩子的缺陷方面，不如把注意力放在用生机蓬勃的爱来感染他们方面。有了爱，缺陷就不会存在，只消灭恶的而不补充善的是没有结果的。"

⭐ **妈妈箴言**

　　生活需要你以原则为重心。原则使人冷静发挥智慧，正确判断。

　　不要用"从不"、"永远"、"只"这些词语对孩子进行指责，对孩子的行为本来就不应该一概而论。

"惩罚"孩子有技巧

在你渡过河之前不要嘲弄鳄鱼。

　　惩罚的真正目的是纠正、减少孩子的不良行为。孩子犯了错误，无论有心还是无意，都要受到惩罚。比如：孩子不小心把杯子摔碎了，虽然他不是故意的，也应该告诉他，这是他的过错。他虽没有料想到自己行为的后果，但仍要为此道歉。如果他是无意的，并勇于承认错误，家长会相信他，并减轻对他的惩罚。如果他隐瞒事实、逃避责任，他将受到加重的惩罚。这样就可以从小培养孩子诚实、负责的性格。

　　另外，在实施惩罚时，要给孩子做一个简单的解释，不要只是告诉他"这不行"，因为这样孩子没有真正学习到正确的行为规矩，处罚也失去了意义。

　　适当的体罚有时也会取得良好的处罚效果。尤其幼小的孩子对语言的了解能力不是很好，而妈妈的表达能力可能也不是非常成熟时，体罚可能就是最直接而有效的处罚方式。

　　但是，体罚对于具有攻击性的小孩应避免使用。因为"打"本身就是一种攻击行为的示范，会让孩子模仿到或误认为"打"本身就是处理事情的一个技巧。对于这类型的小孩，最有效的方法是约束，比如他出手打人，妈妈就抓住他的手腕，并告诉他"好孩子不打人"，马上将这个行为制止。

孩子犯错时，妈妈也可以把他一个人留在自己的小屋里，10 分钟足够了，让他"好好想想错在哪儿了"，当然，屋子要绝对安全；或者罚某个时间的动画片不准看等等。

在惩罚孩子时，要注意对事不对人，不要总是去翻旧账，前后联系，结果是一个小错误引发了一场大惩罚，给孩子造成心理上的压力。惩罚孩子也应及时，即发现孩子犯了错误之后，及时进行惩罚，指出其错误所在和应该承担的后果。不能等时过境迁，再来惩罚他。妈妈在对孩子进行惩罚后，也要适时地对孩子进行语言和行动上的肯定，告诉他妈妈还是爱他的。

父母应该友善地对待孩子的自尊，永远不要蔑视他或让他在朋友面前难堪。惩罚通常应该避开好奇的眼睛和幸灾乐祸的旁观者。孩子们强烈的感情和要求，即使是愚蠢的，也应该给予诚恳的评价。

孩子在出生后 2～3 年内，无论在生理和心理方面，良好的育儿刺激对大脑的功能和结构都有重要的影响。

有的父母，在外面有些不愉快的事，到了家里就向孩子撒气；有的是，对老婆有意见或感情不好，也向孩子撒气；还有的是，家庭人口多，上上下下关系不和或经济拮据，也向孩子撒气，把孩子变成自己的出气筒。这对孩子无疑是一种变相的惩罚。这种缺少理性的父母，带给孩子的是痛苦。在外面受到强者的侮辱，不敢声张，而回到家里把气撒向更弱者——没有自我保护能力的孩子身上的坏习气，曾被大文豪鲁迅讥之为"民族的劣根性"。

鲁迅说："勇者愤怒，抽刃向更强者；怯者愤怒，却抽刃向更弱者。不可救药的民族中，一定有许多英雄，专向孩子们瞪眼。这些孱头们！"一个批评孩子时满口是讽刺性和伤害性话语的父母别指望受到孩子真正的尊重。他的孩子可能非常害怕他，所以藏起了对他的轻视。但是报复经常会在青春期时出现。孩子们都懂得那个古老的谚语："在你渡过河之前不要嘲弄鳄鱼。"

　　一个刻毒的、言辞尖刻的家长可能在一段时间内震慑住他的家人，但是如果他不向他的孩子们展示尊重的话，一旦他们达到了成年的安全地带，他们就会反击他的敌意。

　　妈妈要记住，必须有足够的分量让孩子流出真心的泪水。

★妈妈箴言

　　永远不要蔑视他或让他在朋友面前难堪。惩罚通常应该避开好奇的眼睛和幸灾乐祸的旁观者。

　　在惩罚孩子时，要注意对事不对人，不要总是去翻旧账，前后联系，结果是一个小错误引发了一场大惩罚，给孩子造成心理上的压力。

　　惩罚孩子应及时，不能等时过境迁，再来惩罚他。

　　在对孩子进行惩罚后，也要适时地对孩子进行肯定，告诉他妈妈还是爱他的。

　　必须有足够的分量让孩子流出真心的泪水。

　　在 6 岁左右，孩子就需要父亲的权威和指引。母亲的作用是给与孩子一种生活上的安全感，而父亲的任务是指导孩子正视他将来会遇到的种种困难。

——【美】艾·弗洛姆

第三章

阅读开启卓越人生

一束暖光下，倚在妈妈的臂弯，津津有味地看着一本书……白天"魔鬼"般折腾的调皮小子，此时俨然妈妈眼中最可爱的天使。阅读有着不同的层次，阅读的终极境界，是它的哲学境界：读懂生活，读懂大千世界。

阅读需要榜样和诱惑

我从不会正式宣布，现在是看书时间。

没有孩子天生不喜欢阅读。

我曾被元元所在的幼儿园邀请去讲课，先是给同班家长讲，后来又给全体幼儿园老师讲。我不是阅读方面的专家，只是一个普普通通的小男孩的妈妈，对于阅读，也只是自己一贯的热爱。也许正因为自己喜欢读书，才不由自主地希望元元能热爱阅读，享受到读书的乐趣，所以在引导他阅读时，就稍微用了些心思。

我对幼儿园老师的邀请很重视，觉得自己的小小经验能令人受益，是非常好的事，于是做了仔细的准备。在这里，把几次讲课的文案整理出来，希望有缘看到的家长可以共同分享、共同探讨。

回想我自己的读书年代，班上有好几个聪明的孩子，独独不喜欢语文。高考时被语文成绩拖了后腿，很是可惜。当了妈妈后，我发现，没有孩子天生不喜欢阅读的，为什么上学之后，会有讨厌语文、特别讨厌作文的情况呢？语文应试教育的疏漏和弊端是个太大的命题，也不是这本小书准备讨论的范畴。我只想本着解决问题的原则，务实地提出自己的思考。

成人做榜样是孩子喜欢阅读的关键。

在我家里，书柜比衣柜多。就连小阿姨也被要求没事就看书——看不进去育儿书，看小说、笑话集子也行。

1. 少看电视多看书——适用于所有家庭成员。平时元元在家时，我们很少开电视。偶尔打开电视，也是元元希望看两集动画片，或者看一下科教频道的探索类节目，或者某场重要的体育比赛……元元爸爸如果想看什么新闻资讯，也自觉去电脑前解决。毕竟在网络上，新闻视频和大部分卫视台的直播、点播节目都能看到嘛。

2. 宁愿选择玩电脑。有时候，和电视相比，我们宁愿让元元玩电脑，因为电脑至少互动性更强，许多电脑游戏也设计得相当有趣，适当玩玩没什么不好。但需要注意的是，看书时一定不要打扰孩子，看电视时甚至需要打扰孩子。因为据说看电视时的脑电波波形和睡眠状态相似，外界的刺激反而会避免脑功能衰退。许多妈妈总是想起什么来，也不看看孩子正在干什么，马上开口大呼小叫。我也经常犯这个毛病。喊孩子之前，要提醒一下自己少安勿躁，先看看孩子在干什么，如果孩子正在专心看书，或玩玩具玩得起劲，最好等到一个他注意力转移的空隙再叫他。尽量避免破坏孩子的专注力。在孩子看书时，不管他看得懂看不懂，只要孩子没来求援，都不妨暗中观察，保持安静。

3. 自己念书，诱惑孩子。阅读是很自然而随意的活动，我从不会正式宣布，现在是看书时间。相反，在准备亲子阅读之前，我会舒舒服服地拿起一本书，念上几页。事实上，念完两句后，元元就会飞跑过来，在我的臂弯等着下文。有一次，我正在声情并茂地大声朗读着一本书，自我陶醉得有些忘我了，冷不丁发现小家伙没有盯着书，而是定定地盯着我的脸，有一种有点迷惑又极其嫉妒的眼神！好像在说，书的魔力真大啊，能让妈妈如此忘形！真可惜我不认字。

4. 随意放置孩子的图书。如果孩子的书都整整齐齐地呆在书柜里，就真成了摆设。对孩子来说，周围的一切构成了一个玩的世界，所有他身边的物品都有值得探索的理由。在启发孩子阅读的初级阶段，书一定要像玩具一样随意散放在几个地方，如：地板、床头、沙发、书桌、茶几等等，一处放一两本。有时，元元正玩着恐龙，不经意发现恐龙箱子旁的一本书，便会放下恐龙，入神地翻起了书。把书看成普普通通的玩具，孩子更有把玩的兴致。

5. 多给孩子看绘本。绘本通常文字量小，画面色彩丰富，有震撼力，也更有诱惑力，很符合0~6岁孩子的阅读习惯。鲜艳的、淡雅的、凌乱的、有趣的、丰富的，简约的……不同构图，不同风格的绘本会给孩子带来不同的美感，也带来无限的想象。读图时间长的孩子，想象力会更丰富，对色彩、构图的感觉也更灵敏。

6. 先将故事讲一半。有时可以故意将故事讲一半，卖关子吸引孩子自己往后翻，然后再读给他听，或者干脆合上书本，让他猜猜下面的情节，自己加工创造。

7. 引导孩子观察书中信息，妈妈可以故意犯错。和元元一起看书时，我会有意识引导元元观察书中的信息，"这一页出现了几个动物？""小熊爸爸在干什么？""小女孩怎么哭了？"有时还故意犯点错，"哎呀，这里有一只狗！""是狼，妈妈。"元元会立即纠正。在这样的互动中，孩子读得更加细心，有着探宝一般的兴致，观察力也更加灵敏、细腻。

8. 在生活中，尽量将孩子的行为总结为一个词。对于增加孩子的词汇量和语感，这是个很灵的方法。比如，孩子和小朋友游戏时很礼让，就可以告诉孩子，今天你和晨晨玩的时候很友好，什么玩具都是轮流玩，商量着玩，这就叫文明，有风度；今天你很累了，还自己从车站走到家，没让妈妈抱，这就叫坚持。孩子活生生的实践和一个个抽象的词汇结合在一起，他理解和运用词汇时更得心应手了。

⭐ **妈妈箴言**

　　阅读是很自然而随意的活动。

　　成人做榜样是孩子喜欢阅读的关键。

　　少看电视多看书；宁愿选择玩电脑；自己念书，诱惑孩子；随意放置孩子的图书；多给孩子看绘本；先将故事讲一半；妈妈可以故意犯错，以引导孩子观察书中信息。

　　把书看成普普通通的玩具，孩子更有把玩的兴致。

　　真希望家长常常跟孩子说这样的话："你犯了一个错误，太好了！我们从中可以学到什么？"

——【美】简·尼尔森

"我是书的主人"

"你想听哪一页妈妈就讲哪一页，你随便选。"这会给他很大的欣喜，让他产生"我是书的主人"的感觉。

1. **陪孩子读书时不要主动解释字面意思，不要有太多分析。**阅读需要流畅的感觉，过度解释和分析会使阅读顿失去美感，变得枯燥乏味，让孩子没有胃口继续听下去。其实，只要孩子没有发问，就可以持续原文照读，为孩子朗读时，语气要自然，可以适当调整声音扮演书中角色，吸引孩子。

2. **不要主动一笔一画地教孩子认字。**阅读时，可以有意识地指出某处的"人"和这里的"人"是同一个字，但没必要顺便教起笔画偏旁来。过早教会孩子认字，孩子的注意力全在字本身的写法，会影响孩子对画面的感觉，也会影响孩子的想象力和创造力发挥。但如果孩子主动表示对某个字感兴趣，那就随机教他好了。

3. **不要用口语翻译书面语，如文字太多可以选择性朗读。**我读书时会尽量原文照读，保持它本来的味道。有的妈妈怕孩子不能理解书面语，好心当翻译，把美好的词句译成一句句大白话，实在很煞风景。一本书，从创作、修改、润色，经过了作者、编辑、校对等若干工序，原汁原味地照着读，最能反映书本的魅力和神韵，一边动着脑子翻译，一边搜肠刮肚地想着可替代的词，实在是件事倍功半的事。嫌文字太多，可以选择性朗读，适当删减，但口语化加工一定是要尽力避免的。

4. 可以翻到哪一页就读哪一页。读书不一定按顺序来，孩子有时候会愿意自己来翻书，翻到哪一页就要求讲哪一页，那就满足他好了。我经常鼓励元元，"你想听哪一页妈妈就讲哪一页，你随便选。"这会给他很大的欣喜，让他产生"我是书的主人"的感觉。事实上，元元4岁之后，就不再喜欢穿插着讲了，他会主动要求从头开始，一行字也不容错过。

5. 不要一股脑把书推给孩子。不要要求孩子短时间内看完大量书，那样只会吓住孩子，使他不知从何处入手，反而害怕阅读。不要把一堆书摆在孩子面前，而是简单放两三本在他经常会去的地方，然后定期更换。让孩子始终保持新鲜感，确保涉猎范围的宽泛。比如，我第一天会把恐龙书放在元元的玩具箱旁，把一本儿歌集放在床头，把一本英语趣味情景书放在读书角；过两天，我会在同样的位置分别换上《太空探秘》、《史前怪兽》、《情商故事书》，以此类推。

6. 注意互动性。完全照念书本，用平铺直叙的语调把故事处理得如白开水般，孩子很快就会哈欠连天。在尊重原文的同时，声情并茂，适当停顿，引导孩子观察、思考、描述，提几个问题，和孩子分别扮演几个书中角色，这些互动方式都是非常有效的。

★ 妈妈箴言

过度解释和分析会使阅读顿时失去美感，变得枯燥乏味。

过早教会孩子认字，孩子的注意力全在字本身的写法，会影响孩子对画面的感觉。

读书时会尽量用原书的语言，保持它本来的味道。

引导孩子观察、思考、描述，提几个问题，和孩子分别扮演几个书中角色，这些互动方式都是非常可贵的。

阅读，让孩子拥有更广阔的人生

> 只有明确一个大阅读的概念后，才可以正确看待生活中的每一次"阅读事件"。

·

阅读其实有着比语文更宽泛的含义。

阅读有着不同的层次，从读文字到带着真正的理解力去读，是两个概念。一方面，如果理解了字面意思，可以增加词汇量，使会话和将来的作文有文采，有深度。另一方面，除了读文学作品中的文字，孩子们还要学会读数学，以及物理、化学等自然科学。数学，是另一种语言，要读出数学的美感、逻辑、规律、神奇以及万物围绕数字的关联、融合、变化，并不容易。据说，中考的物理题，有的题面会超过 300 个字，缺乏理解力，或读题时精力不集中，理解错误，分析错误，都会导致解题障碍。

从阅读文字，理解大概词句到读懂，又是一个新的挑战。对于文学作品，读懂意味着明白书的立意、结构、情节、角色、冲突、结局、升华……对于自然科学类图书，则需读懂原理、方法、论据、规则。

阅读的终极境界，是它的哲学境界——读懂生活，读懂大千世界。

将阅读活动从缺乏色彩的语文教学中跳脱开来，一定会更有趣，更实际，更富有经验价值。

据说，一个人能否成功，大多取决于他的经验价值、创新价值和态度价值。读得越多，越有助于经验的增长——虽然只是间接经验。但作为家长，当然要尽最大努力为孩子创造经验价值。

啰啰嗦嗦这一番话，是因为我觉得只有明确一个大阅读的概念后，才可以正确看待生活中的每一次"阅读事件"，不偏狭，更广博，对阅读的理解也就越深刻，把握每一次阅读时机时，会多一份机智和灵活，更多一份收获。

★妈妈箴言

　　从阅读文字，理解大概词句到读懂，又是一个新的挑战。
　　将阅读活动从缺乏色彩的语文教学中跳脱开来，一定会更有趣，更实际，更富有经验价值。
　　一个人能否成功，大多取决于他的经验价值、创新价值和态度价值。读得越多，越有助于经验的增长。

　　我们必须寻找隐藏在儿童每种任性背后的原因，因为这些原因就是我们应知而未知的东西。一旦找到这些原因，就能够使我们深入到儿童心灵的神秘幽深之处，并为我们理解儿童以及跟儿童和谐相处提供基础。
　　　　　　　　　　　　　　　　　　　　——【意】蒙特梭利

阅读需要仪式感

阅读需要仪式感，睡前是一个合适的时机。

1. **大声朗读**。美国前总统小布什的夫人曾供职于一家图书馆，他们家一直有晚餐后围坐在一起，轮流大声朗读的习惯。这一幕情景使每一个家庭成员倍感温馨，受益良多。我小时候，爸爸也经常带着我们几姐妹一起朗读，爸爸磁力十足的嗓音，富有表现力的朗读，至今仿佛还在我耳边回响。后来我爱上了朗诵，还没上小学就立志要当配音演员；语文课常被老师叫起来为大家读课文，总能做到一个字都不会念错；各种朗诵比赛、演讲比赛中获奖更是家常便饭。后来，我从事了播音主持的工作，爸爸的熏陶起了很重要的作用。

只是轻言细语地讲故事，对于阅读者来说，实在不够过瘾。富有感染力的大声朗读，可以培养孩子的语感，让孩子更真切地感受到文字间丰沛的感情，情节的跌宕，人物的戏剧化色彩。亲子阅读活动也更为立体，有声有色。

2. **睡前仪式**。一束柔和的灯光下，孩子倚在妈妈的臂弯里，一起读书……这有仪式感的一幕，每天都会在我家上演。阅读需要仪式感，睡前是一个合适的时机。在安排元元完成洗漱等一系列工作时，有时，我会拿这个美好的仪式诱惑他：还有几件事没完成呢？全部做完就可以选一本书哦，只能选薄薄的一本……"不行，我要选两本！"元元一定会很配合地"上钩"。每当我合上书页，"好了。讲完了。晚安，亲爱的元元。""晚安，亲爱的妈妈。"我们好像共同完成了一项最愉快的工作，同时给繁忙的一天做了一个浪漫的收尾，内心无比充实和宁静。

睡前阅读让浮躁的心慢慢沉静下来，让一个个美好的人物有机会进入孩子的梦乡。

★ 妈妈箴言

更富有感染力的大声朗读，可以培养孩子的语感，亲子阅读活动也更为立体，有声有色。

睡前阅读让浮躁的心慢慢沉静下来，让一个个美好的人物有机会进入孩子的梦乡。

没有同年龄的、学习同样学科的孩子与他为伍，即使是最有趣的功课也会使他感到没了趣味。每一个儿童都渴望在与其他儿童的交往中学习和生活，他必须在儿童中间占有他自己的地位。

——【前苏联】阿莫纳什维利

分享，让孩子更爱阅读

和小朋友一起分享，这相当于小朋友自发组成了阅读小组，以儿童的方式互动阅读，读书变成了有趣的游戏。

1. **鼓励孩子复述故事**。有句话说得好，听看读讲迷。读书真到了"迷"的地步，一定离不开循序渐进的前几步：听，看，读，讲。对于知识而言，能准确复述、讲解，才算真正掌握。要鼓励孩子自由发表对于图书内容的想法，倾听孩子在阅读以后的感受和见解。如果孩子能把阅读的内容复述出来，一定要多给予肯定和表扬。记得元元读过一遍《莎娜的雪火车》之后，马上就会复述故事，复述几次后，这个故事已经深深印入他的脑海。

但也不必强迫孩子把故事背下来，如果他是真的喜欢这个故事，可能会在将来的某一天，不由自主地复述出来。

2. **好朋友间互相借阅**。我和小区里一位妈妈各办了一张借书卡，轮流去图书馆借书，每次借 20 本书，两家分着看，然后交换；没看够再电话续借。有时也和其他妈妈互相交换图书。这是很经济的方法，让孩子从小就体验交换和分享，是一件再美好不过的事。

3. **带书去幼儿园，邀请小朋友分享**。邀请小朋友看书，是元元班级的一个常态活动。孩子可以带上自己喜欢的书，邀请小朋友一起看，这相当于小朋友自发组成了阅读小组，以儿童的方式互动阅读，效果非常好。记得元元带去分享的就有不下十本书——都是他非常喜欢的书，有绘本，也有科普书和动物书。有时回家，也会报告，"今天晶晶邀请我看书了，是……"、"今天大志没邀请我看他的书！"有时兴奋，有时沮丧。被邀请成了一件荣耀的事，伴着愉快而骄傲的情绪一起读书，真的很棒——我暗暗佩服老师们的高招。

★妈妈箴言

　　读书真到了"迷"的地步，一定离不开循序渐进的前几步：听，看，读，讲。

　　一切教育的最终目的是形成人格。

　　　　　　　　　　　　　　　　　　　　　——【美】杜威

如何给孩子选书

买书和借书时，我会以"情节有趣"、"画面震撼"、"色彩和谐"和"故事温馨"为要点。

---

1. 杜绝"有用"心理。曾在图书大厦看到这样一幕：一个男孩选了本《史前怪兽》的书，妈妈却唠叨着让孩子放下，另拿一本她认为更合适、更"有用"的书。孩子遵命了，挂着一脸的失落。

不要以成人的眼光去衡量书刊的内容，不要以为"有用的"、"知识含量多的"才是可以给孩子看的。在孩子看来，花花绿绿的昆虫、活泼可爱的大小动物、凶猛奇特的外星人和怪兽要比大人心目中的 A、B、C、D 和 1、2、3、4 有趣得多。

买书和借书时，我会以"情节有趣"、"画面震撼"、"色彩和谐"和"故事温馨"为要点，除了朋友送过的一些读图大卡、认知书，我第一批自购的书《莎娜的雪火车》《莎娜的红毛衣》《小熊毛毛的故事》《忙忙碌碌镇》《三个强盗》《克里克塔》……都和这些要点吻合。这些书，奠定了元元热爱阅读的基础。

2. 阅读题材需要广泛的涉猎。可以从不同角度选各种题材的书，让孩子试读，图画书、科普书、儿歌集、短故事都是可以的。0～6 岁的学龄前儿童喜欢童话、诗歌、动物故事，以及跟他们日常生活有关系的书，一些琅琅上口的儿歌会受到他们特别的青睐。元元两岁时，我订过一本有名的儿童期刊，薄薄的一本，里面有故事，有儿歌，很温馨的色调，元元非常喜欢。

3. 最能激发孩子兴趣的书。 依照我的经验，元元最喜欢的书是有趣、画面漂亮、语言简洁、有美好寓意、讲知识的方式新奇的书。曾经有妈妈买了几本元元喜欢的书给自己女儿看，孩子却不是很喜欢，拿书当积木玩，只喜欢做益智类的习题。孩子对故事书完全没有兴趣一定有深层的原因，但只要愿意玩书或喜欢某一类型的书，都是好事，可以先顺其自然，再慢慢引导，总有一天，孩子会对不同类型的书也发生兴趣。

4. 可以尝试一些新奇的书。 有声书、翻翻书、立体书、触摸书、汽车书、手电筒书……目前市场上儿童书的品种很多，装帧设计非常精巧，有的动物书，可以触摸到和动物皮毛同质感的材质；有的设计了可推拉的插版，像变魔术般和孩子互动；有的可以打开几层，瞬间呈现一个立体的城堡。书，从形式到内容，都更可爱，更好玩，适量购入这一类书，一定会给孩子带去不一样的新奇感受。

5. 我印象中的好书。 以下是一部分我自认为不错，元元也非常喜欢的书，推荐理由就不一一列举了。正如之前提到的，它们都符合"情节有趣"、"画面震撼"、"色彩和谐"和"故事温馨"的要点。

《噼里啪啦》

《大卫，不可以》

《小兔汤姆系列》

《克里克塔》

《三个强盗》

《青蛙弗洛格的成长故事》

《花格子大象艾玛》（小、中）

《灰袍奶奶和草莓盗贼》（小、中）

《玛蒂娜》

《斯凯瑞金色童年书之忙忙碌碌镇》

《猫太噼哩噗噜在海里》

《我是霸王龙》

《爷爷变成了幽灵》

《不一样的卡梅拉》

《权威百科探秘系列》

《可爱的身体》

《法布尔昆虫记》

《神奇校车》

......

好的阅读方法是无法穷尽的。只要你是个爱书的妈妈，对儿童心理有着基本的理解和尊重，一定还会有更多更好的创意和更多关于阅读的灵感。

⭐ 妈妈箴言

　　不要以为"有用的"、"知识含量多的"才是可以给孩子看的。

　　阅读题材尽量广泛，书的样式可以很新奇，色彩或绚烂或和，故事有趣，画面震撼，总之，能勾起孩子的好感的就可以读。

每个人都有他的隐藏的精华，和任何别的精华不同，它使人具有自己的气味。

——【法】罗曼·罗兰

第四章

了解孩子的感受，做出正确指引

许多自以为懂孩子的家长只是徒有虚名。妈妈们的"爱无忌"——以爱之名，无所顾忌，往往把孩子推向敌意和排斥，不知不觉中陷入恶性循环。要使孩子变得合作、友善、自控，其实是一项高智商的工作。

准备发作前，暂停 3 秒钟

婴幼儿是法律和秩序最顽固的对立者。

《北风与太阳》的寓言，促使我们从不同的角度去思考"温柔劝导与强力鞭策"间的差别。正如想用更猛烈的力量剥去行人衣裳的北风，妈妈对于孩子的斥责越多，其教育效果就会越差；相反，如同太阳一般在潜移默化中持续不断地给予孩子温暖，却可以收获到意想不到的效果。

婴幼儿是法律和秩序最顽固的对立者。

做一个好父母的艺术就在于弄清孩子行为背后的意思。试图用情绪化的反应，比如"喊叫"来控制孩子，就像靠按喇叭来驾驶汽车一样无效。

元元 5 岁开始学小提琴，每天从幼儿园放学，先练琴再去花园玩。这个规则是他自己定的，但执行时却不那么容易。每次他都会先吃点什么，玩点什么，磨磨蹭蹭地拖延时间。倒计时、威胁恐吓都试过，均以无效告终。

其实，我很清楚他很喜欢小提琴，只是尚不具备自觉练琴的意志力，因为每次提到如不能坚持，下次就不用去学的时候，他会很激烈地跳起来嚷嚷"不要"，然而逼迫唠叨也不是办法，没准时间长了，把他惹烦了，兴趣没了，反倒会彻底厌倦甚至放弃。

后来，我不再催促他，先自顾自地调琴，调完后告诉他"我已经准备好了"、"我在等你，花园里的小朋友也在等你"、"元元会为自己赢得玩的时间，对吗"、"相信元元能管理好自己的时间"之类的话，语气温柔平和。然后，不动声色地等着——其实孩子这时玩得并不踏实，他很明白如不配合，下一个环节就无法正常进行。因为曾经有几次，他因为耽误了时间，下楼去玩时，正赶上最好的朋友玩完回家。所以一般等几分钟，他就会走过来开始练习了。像这样用正面暗示，引导他通过自省而自愿行动，效果反而好得多。

不要指望你的指令一经下达，孩子就如机器人般马上精准执行。当孩子不能按既定轨道前进，一定是符合当下他的某种心理状态，在这种情况下，不要急于责备他，而应暂缓做出反应的脚步，寻找对策。

在准备对孩子进行呵斥、责骂前，应该尽量使自己的心态保持平和。我的经验是，当蹿起一股怒气时，深呼吸几下让自己平稳下来，或慢慢咽下一口口水，这一招真的很管用。调整一下自己，争取到宝贵的"暂停3秒钟"时间，再开口时，一定会更理性客观，减少情绪化的发作。

☆ 妈妈箴言

调整一下自己，争取到宝贵的"暂停3秒钟"时间，再开口时，一定会更理性客观，减少情绪化的发作。

做一个好父母的艺术就在于弄清孩子行为背后的意思。试图用情绪化的反应，比如"喊叫"来控制孩子，就像靠按喇叭来驾驶汽车一样无效。

在准备对孩子进行呵斥和责骂前，应该尽量使自己的心态保持平和。

用正面暗示，引导孩子通过自省而自愿行动，效果反而好得多。

永远不能打孩子

自尊心受到严重打击的孩子首先会为"被打"的事实感到愤慨，并因此断定爸爸妈妈厌恶自己，而不是先去反省自己"为什么被打"。

法国作家雨果曾说过："尽可能少犯错误，这是人的准则；不犯错误，那是天使的梦想。尘世上的一切都是免不了犯错的。"

作为家长，总免不了难以接纳孩子的所谓"错误"。一次次的苛求、严责和肢体暴力让孩子本该有的活泼和灵动逐渐消失，不知不觉，在打骂中成长的孩子越来越沉默，越来越脆弱，越来越叛逆。

体罚是建立在大人和孩子之间体力不对等的基础之上的暴力行为。当家长实施暴力，家长就是向孩子灌输了以强凌弱的合理性，孩子接受了暴力原则，长大了会随意欺负弱者，或者变得懦弱胆怯、自卑，容易放弃自我。

同时，自尊心受到严重打击的孩子首先会为"被打"的事实感到愤慨，并因此断定爸爸妈妈厌恶自己，而不是先去反省自己"为什么被打"。

体罚的第三个后果，是孩子越打越"皮实"。孩子对体罚不当回事，体罚也就失去了棒喝的作用。对自己有高要求的孩子自尊心都很强，记得我小时候，用不着家长动武，父母说一句稍重的话，我的眼泪就会下来。有一次，我上课说小话被老师罚站，眼泪止不住地掉。老师还借题发挥，号召调皮学生向我学习，多一点自尊自爱。这话一说，我更加难过，眼泪越流越多……

男孩不会这么轻易流泪，但男孩是特别讲规则的。当元元做了什么不妥的事，我会拉他到身边，蹲下来，和他讲道理。如果真做了什么特别不对的事情，我最多说一句，妈妈生气了，你先自己想想吧。对他的严厉到此就够了。印象中，元元还真没出现过让我气得不行的情况。其实，只要对孩子做事的动机有足够的耐心去了解，"气"往往也就不存在，甚至令人哭笑不得。

有一天晚上，元元上床后翻来覆去睡不着，后来竟跑到客厅，把电视机打开了。我压住火冲出去，勒令他马上关电视睡觉。这时我发现他手里拿着一个麦克风。原来次日幼儿园有游园活动，所有的小朋友都很期待，老师今天做准备工作时在教室里试过麦克风。他在床上想起了白天的情景，想试试家里的麦克风。于是我告诉他已经很晚，要想明天准时参加游园，玩得尽兴，必须要保证足够的睡眠时间，明天我会和他一起来试这个麦克风。孩子乖乖去睡了，我却睁着眼睛想了很久，如果把他刚才的行为武断地认定为故意和大人捣乱作对，会是什么结果呢？他会带着什么情绪入睡？

美国有研究证明，从小挨打、挨骂的孩子的平均智商为 98，那些不挨打或几乎不挨骂的孩子平均智商为 102（人口的平均智商为 100）。这 4 分之差很可能是因为不打孩子的父母花了比较多的时间讲理、解释，增加了孩子和大人之间的互动。[1]

---

[1] 引自薛涌，《一岁就上常青藤》，中国青年出版社，2009 年 1 月第一版。

★妈妈箴言

　　在打骂中成长的孩子越来越沉默，越来越脆弱，越来越叛逆。

　　孩子接受了暴力原则，长大了会随意欺负弱者，或者变得懦弱胆怯，自卑，容易放弃自我。

　　不打孩子的父母花更多的时间讲理、解释，增加了孩子和大人之间的互动。

对于一个有充分能力的人来说，痛苦也许是一种极有价值的刺激。

——【英】罗素

给沸腾的"高压锅"减压

男孩更加敏感，并在两岁以前就压制住了许多天性和本能。

没有压力会使人疲倦、懒散，但压力太大则会影响孩子的身心发展。压力过重时，就会变成苦恼，人就会出现腹泻、皮肤病、噩梦等，行为表现也会出现退缩、沉默寡言等。在孩子成长过程中，有紧张压力与他成年以后患上高血压、心脏病以及癌症等疾病有密切联系。

男孩更容易感到压力。英国精神病学家瑟巴斯汀·克莱默指出："社会对于男人有着更大的压力，人们看不惯男子汉的软弱，希望他们在任何时候都不能表现出脆弱的一面，所以还是小孩子时，男人就有着很大的压力，他们更加敏感，并在两岁以前就压制住了许多天性和本能。"

给孩子纸笔，让他随心所欲地画画；给孩子一个故事开头，让他继续编故事；让孩子提出游戏的内容和玩法，和孩子一起玩；当孩子从梦中惊醒时，安慰他之后，让他说一说都梦见了什么；当孩子叙述时，不要随意打断，也不要提建议或下结论。家长一定要想办法清楚地了解孩子的内心感受，了解使孩子感到压力的原因，从而帮助孩子减轻或解除压力。

父母应该接受并允许孩子适度哭闹，在接纳孩子的情绪之后，要设法使孩子的情绪平静下来，但要记住一点，安抚孩子不应该是无条件地顺从孩子。

对于因嫉妒大发脾气的孩子，父母要意识到，嫉妒是一种常见的感情。这种"负面情绪"几乎是与生俱来的。

孩子的嫉妒有害也有益。嫉妒是追求上进的一种感情，但嫉妒心过于强烈，也会促进孩子形成一种自私狭隘的人生观。

嫉妒感最早出现在学步前的婴儿期。有的不足周岁的婴儿看到母亲在给其他婴儿哺乳时，也会出现心率加快、面色潮红等不安反应，甚至哭闹起来，而长大到学龄前的五六岁时，尤其是在孩子进入集体生活以后，大人和老师对他人的称赞和表扬，更会引起孩子在内心的不服气和嫉妒心理，如果不加以疏导，会引发孩子之间的矛盾、甚至敌意。

一个 6 岁的小男孩对小伙伴收集到的玩具汽车眼红得要死，出于嫉妒他竟然对妈妈说，他一定是偷来了别人的汽车，不然不可能有那么多。

菲菲和桐桐在幼儿园是一对好朋友，平时总喜欢在一起玩。一次在积木课上，桐桐用五颜六色的积木搭了一个漂亮的小房子，而且搭得又好又快。菲菲却怎么也搭不好，急得直跺脚。当老师表扬了桐桐搭得又好又快时，菲菲索性把两个人的积木全都推倒了，不服气地说："我搭不好，你也别想搭好。"

有嫉妒心理的孩子，往往有自身的性格弱点。比如：家里来了小客人，妈妈夸奖几句或表示亲昵些，自家的孩子就会嫉妒，对外来的孩子采取不友好的态度。与人交往时，喜欢做核心，当不能成为社交中心时，就会发脾气，不会感谢人，易受外界影响等。

孩子的嫉妒是直观的、真实的甚至自然的表现，它完全不似成人嫉妒心理那样掺杂着诸多的社会因素，它只是孩子对自己愿望不能实现而产生的一种本能的心理反应。因此，妈妈切勿盲目对孩子的嫉妒行为进行批评，要耐心倾听孩子的苦恼。

比如，孩子可能因为邻家小弟弟新买了一个自己没有的小玩具而对对方充满了敌意，妈妈在认真倾听孩子感受的同时，可以对他说："哦，你很喜欢那样的玩具，但是你没有，所以你很难过是吗？"每逢这种情况，妈妈只要对宝贝的感受表示理解就可以了，但是千万不要对孩子说："你很喜欢那样的玩具，那我们也去买一个吧！"这样的处理方式于事无补，甚至会变相鼓励孩子以嫉妒的方式来表达自己的这种感受，从而诱发他的贪欲与攀比欲。

心理学家认为，缺乏自信的孩子往往更容易产生嫉妒心，而妈妈的爱、赞扬和理解是医治自卑、克服嫉妒的佳方良药。妈妈对孩子每一个长处由衷地肯定和赞美，无疑可大大增加他的自信和自尊，而一个充满自信和自尊的孩子往往会充满了安全感、满足感和快乐感。同时，妈妈还要让孩子欣赏并学习他人的长处，让孩子明白，他人的成绩是通过努力得来的，积极支持孩子通过努力去超越别人，战胜自己，使孩子的嫉妒心理得到正当的发泄。

嫉妒是生活中的一种常见感情，家长应该使孩子的嫉妒心理保持在最低限度，帮助孩子把它转变为其他有建设性的感情上来，使他意识到没有理由畏惧对手，要与对手共同进步。这样一来，孩子的意志就会增强，不是嫉妒，而是自我奋斗。这样，日后在人生道路上，不管在家还是在外面工作，他都能更好地应付对手存在的局面，心胸开阔，笑对人生。

★妈妈箴言

在接纳孩子的情绪之后要设法使孩子的情绪平静下来，但要记住一点，安抚孩子不应该是无条件地顺从孩子。

错误是珍贵的礼物

孩子是伴随错误成长起来的。

最初陪孩子练琴时，每出一次错，孩子都会非常沮丧，不想坚持。于是我告诉他：错误是珍贵的礼物，它会帮助你认识自己的不足，提醒你通过练习来提高。这句话宛如魔咒，当孩子再犯错时，他犹豫着说，错误是礼物，对吗，妈妈？我肯定地点点头，孩子转而欣喜地投入到下一个练习环节。

爽爽是个 5 岁的小女孩，有一次，妈妈发现她的玩具箱中多出一个洋娃娃，爽爽告诉妈妈说那是幼儿园的小朋友小蕊借给她玩的。

妈妈听了后也没在意，可是过了几天后，妈妈发现那个洋娃娃一直都在家里，也没见爽爽将它还给小蕊。后来，妈妈和幼儿园的老师谈起了这件事，才知道小蕊的洋娃娃丢了好几天了，小蕊为此还大哭了一场。

妈妈听老师这么一说，才知道洋娃娃是孩子擅自带回家的，但她并没有立即去责骂孩子，而是和老师共同商量了一个对策。在幼儿园里，老师带领着孩子们玩了一个假想游戏——小白象要回家，使爽爽认识到了自己这种行为对小朋友造成的伤害。后来，爽爽把洋娃娃还给了小蕊，还向小蕊道了歉。

这位妈妈采取了更有效的措施，让孩子通过自省发现错误，这样的做法是非常明智的。

犯错误是孩子成长的必修课程，有很多事情，妈妈不能代替孩子去感受，只有当孩子亲身经历过，才能有所感悟，建立自己的人格。错误、失误确实是珍贵的礼物，是孩子成长的资源。

俗话说，"小错不断，大错不犯"。孩子小的时候，将愤怒、悲伤、骄傲、灰心等情绪都体验一次，并在内心烙下痕迹，这将会为他今后的成长提供帮助，之后遇到问题，他便可以通过"心理反刍"，找到解决的办法。

记得元元4岁多时，有一次非要坚持自己倒牛奶，结果不出所料，牛奶倒了一桌一地。我本来是个急脾气，当时虽然很惊讶，但我完全控制住了自己即将爆发的情绪，平静地说："没关系，我知道你是想做好这件事，抹布在厨房。"小家伙本来战战兢兢等待着一场训斥，这下仿佛得到赦免一般，飞快行动，把桌面地面擦得干干净净。

捅了篓子，最恐惧的是孩子自己。记得我小时候，不小心打碎一个墨水瓶，墨汁撒在水泥地上，用拖布拼命拖也擦不干净，心里那个怕！后来父母怎么处理的全然不记得了，应该是并没有责骂我，但当时犯错后内心的恐惧却怎么也忘不了。

孩子希望通过尝试证明"我能"，在这样的心理驱动下，行动的失误会给孩子带来极大的挫败感和恐慌。此时，孩子最需要理解、信任和正确方法的指引，惟有如此，孩子才能走出挫败的阴影。

父母这样做的好处是，孩子犯错后不再把注意力集中在父母的情绪上不知所措，而是致力于迅速解决问题。以元元为例，之后他又犯过N次把果汁、汤汁、食物碎屑弄到地板上的"错"，每次都不等家人提醒，就自觉去拿来抹布和拖布，把地面处理干净。

一个4岁多的孩子，面对错误，能越来越放松，以平常心和正确的处置方法去面对，他再犯同类错误的概率会越来越小。

父母动怒的时候，往往口无遮拦。因为是对自己的孩子，觉得有资格骂，所以多难听的话都能说出来。有不少冲动型的父母，一见孩子做了什么淘气的事，张口就骂，"你这个讨厌鬼"，"你就不知道干好事"等随口而出；当孩子在外人面前的表现不理想时，马上火冒三丈，"你简直一点用都没有"等难听话接踵而至；有的妈妈在孩子有了过错时，连骂带吓唬，例如，"你再不听话，不给买玩具"，"你敢顶嘴，就别跟我回家"等等。

从心理学的角度来看，失败了，任何人都会感到沮丧、难过，并且自责、后悔，这个时候是他们最伤心的时候，也是最脆弱的时候。小孩子更是如此，他们内心甚至比成人又多了一层恐惧，怕被妈妈数落。这个时候他的内心是敏感的，需要安慰、理解和鼓励。有的小孩子天生自尊心强，如果失败后得到的只是一顿责骂，他心里就会留下阴影。

一句"笨蛋"会伤害孩子的自尊心，而来自失败的打击越多，孩子就越会产生自卑感和抵触情绪，他不仅不会向父母寻求帮助，还会逃避父母的询问，结果真的变成了一个"笨孩子"。

其实，孩子在成长的道路上不可能是一帆风顺的，总要经历失败和挫折。当孩子失败或碰壁的时候，妈妈应及时给予孩子温情的鼓励，让孩子用勇气、用信心再试一次，从而克服困难。

孩子是伴随着错误长大的。做妈妈的责任就是不断纠正孩子的错误，让孩子从错误中学会成长。每个孩子都会经历第一次，第一次做一件事情总会出现这样或那样的问题，就连妈妈在教育孩子的时候都会出现问题，更何况是年幼的孩子！他们身心发展不健全，动手能力差，做起事来总是"心有余而力不足"。

当孩子犯错误的时候，正好是教育的良机。这时，妈妈应当保持冷静，不能一味地责罚孩子，应当讲清道理，指出孩子的错误和弥补的方法，让孩子吃一堑长一智，从错误中学到有价值的东西。

小孩子在成长过程中会犯许多错误，这些错误都是无意识或者无法自控的。在这种情况下，妈妈过分的责备会给孩子造成很大的心理负担。日后如果宣泄得好还问题不大，如果孩子某些方面发育一直较差而妈妈又这么一直责备下去，极易给孩子造成心理阴影，而有些阴影，可能会伴随孩子一辈子。

★ 妈妈箴言

　　做妈妈的责任就是让孩子从错误中学会成长。

　　面对错误，能越来越放松，以平常心和正确的处置方法去面对，他再犯同类错误的概率会越来越小。

　　犯错误是孩子成长的必修课程。妈妈不能代替孩子去感受，只有当孩子亲身经历过，才能有所感悟，建立自己的人格。错误、失误也是孩子成长的资源。

　　教孩子犯错后不要把注意力集中在情绪上，而是致力于迅速解决问题。

　　教育在人与人之间造成的差别，比大自然在人与禽兽之间造成的差别更大。

——【美】亚当斯

怎样"拒绝"孩子

孩子会不断地试探你的底线。

"求你了，求你了，给我买那个巴斯光年的遥控车吧！"在香港迪斯尼乐园，元元一边央求，一边用从电视里学来的下跪姿势，作揖哀求。"请站起来好好说。"我用平和的语调要求他起立。"孩子，我们已经说好了。今天只能买一个玩具，你已经买了蜘蛛侠遥控车了。""我保证就买一个，以后再也不买这样的玩具了。"元元还在继续试探。

"以后妈妈觉得应该给你买的时候会给你买的，但今天不行。"我把孩子拥入怀中，亲吻了他一下，态度坚定而平静，还有意识降低音量，让他不会因为音量而引发情绪上的畏惧。"看，花车巡游要开始了！"我适时转移他的注意力。孩子望着欢快的游行队伍，安静了几秒钟，随后便朝队伍跑去。

建立规则后就要遵守规则，这对小男孩更加有效，因为男孩更重视规则。孩子提出新想法只是为了试探你的底线，所以家长的态度对于规则的维系至关重要。

孩子的欲求心理是单纯的，因为明白自己所依靠、所依赖的就是父母，所以轻易、粗暴、简单化地拒绝孩子的需求会导致孩子的心理受到伤害，产生无所适从的感觉。当父母准备拒绝孩子的要求时，首先要三思，决定之后就把自己拒绝的理由认真地告诉孩子，要相信孩子的认知能力，使孩子最大限度地理解自己的做法。

比如"今天你不能吃糖了，你已经有一颗坏牙了，你要是再吃，你的坏牙就会变多，你就会牙痛，妈妈会很心痛的"。让孩子感受到妈妈非常爱他，对他的要求很重视。

要用孩子可以理解的语言和能够接受的方法教他明白哪些欲求是过分的，为什么过分，这样孩子就会慢慢地对欲求有所控制。

自幼明白道理与克己节制，能承受一定的挫折，这对他们今后的生活道路亦是大有裨益的。

有些父母当时拒绝了，可是经不住孩子的纠缠，过一会儿又予以满足，这是最失败的。又或许父母达成一致意见，爷爷奶奶却悄悄地予以满足，当父母提出批评，老人又说用的是他自己的积蓄，背后又在孩子面前唠叨，这样会造成孩子心理失衡，误以为父母不疼爱他，说什么事情做不到，其实可以办到，只是不愿意为自己花钱。

一个不曾被拒绝的孩子，是很难有很强的承受挫折的能力的。对孩子说"不"，不给孩子讨价还价的机会，这不仅可以提升你在孩子心目中的威信，也是在教孩子如何做人和做事。

岚岚对妈妈说："妈妈，我想要个新的芭比娃娃。"

"不行，你已经有好几个了，上周张阿姨不是还送你一个吗？"

"那个不好看，我不喜欢，我想要萱萱的那种。"

岚岚开始对妈妈软磨硬泡，妈妈忙着做饭，没搭理她。看着自己的方法不灵，岚岚哭了起来，声音越来越大。妈妈等岚岚哭了一会儿之后，把岚岚拉到面前，温和地说："岚岚，妈妈不能答应你的要求。"话音未落，岚岚撇撇嘴又要哭。妈妈没有妥协，亲吻了她的小脸蛋一下，继续说："如果你提的是合理的要求，妈妈是不会拒绝的，可你的这个要求不合理。你先想想吧，妈妈先忙自己的事了。"说完，妈妈回到了厨房。

岚岚气嘟嘟地回了自己房间。吃饭时，她怯怯地走到妈妈面前，"妈妈，我不要买新芭比娃娃了。""这才是妈妈的好女儿！你想想，商场里每天都在卖新娃娃，咱们不能把所有的娃娃都买来呀，再说，有的小朋友只有一个娃娃，可是你都有好几个了……"岚岚懂事地点点头。现在说这些道理，孩子似乎更容易接受了。

法国著名教育家卢梭说："当一个孩子哭着要东西的时候，不论他是想更快地得到那个东西，还是为了使别人不敢不给，都应当干脆地加以拒绝。"如果妈妈一看见孩子流泪就给他东西，就等于鼓励他哭泣，是在教他怀疑你的好意，而且还以为对你的硬讨比温和地索取更有效果。

有的妈妈在情绪激动的时候，会以尖锐的声音厉斥大声哭闹的孩子。结果愈是歇斯底里，孩子将以更大的哭闹作为回应。所以，责备孩子时要注意，声音和语调一定要比平常说话声低。用这种不寻常的口吻，可让孩子感觉，这是一种不同寻常的决定。同时，低音调促使转移他的注意力，全神贯注地听，忘记自己的哭闹。

★妈妈箴言

建立规则后就要遵守规则，家长的态度对于规则的维系至关重要。

要用孩子可以理解的语言和能够接受的方法教他明白哪些欲求是过分的，为什么过分，这样孩子就会慢慢地对欲求有所控制。

一个不曾被拒绝的孩子，是难以有较强的受挫能力的。

只有练习和经验才能纠正缺点，而且，要获得所需要的各种技能，还得经过长期的练习。儿童只有通过长期的自觉练习才能得到改进和纠正。

——【意】蒙特梭利

怎样批评孩子

一个犯错的小孩子所承受的心理压力，远远超过了成人的想象。

有一次，我发现我心爱的琉璃牡丹项链被摔在地上，一瓣花叶已经破损，就问元元怎么回事。"不是我干的。"小家伙振振有词，随即跑掉了，然而闪烁的眼神已经泄露了秘密。

我叫来元元，蹲下来搂着他："妈妈非常非常爱你，妈妈也非常喜欢这个项链，项链坏了妈妈很心疼。但项链坏了可以再买，如果你不能说实话，妈妈会更心疼。"

孩子没有说话，似乎在犹豫着什么。

我接着说："你可以想一想妈妈的话，对于这件事，你要是想和妈妈说什么，妈妈随时欢迎你。"

说完，我继续干自己的事，就当一切没有发生。

过了几分钟，孩子怯怯地说："妈妈，项链是我摔到地上的，我是不小心的。"

"好孩子，摔在地上为什么不捡起来呢？"

"我害怕。"

后来孩子又告诉我，磕掉的那一小块琉璃被他藏在书架上了。我心里一热——过去的几分钟，一个犯错的小男孩承受的心理压力，远远超过了我的想象。

"妈妈喜欢你说真话，你是个非常好的孩子，这种品质就叫做诚实。"我捧着孩子的小脸，真诚地告诉他。

"妈妈，你是更舍不得我，还是更舍不得那个项链呢？"一定是我面对项链痛惜的表情还是让孩子捕捉到了。

"当然更舍不得你！你是妈妈最最珍贵的礼物，特别是诚实的你。"

我给了孩子一个有力的、长久的拥抱，这才感觉到，孩子真正放松下来，在妈妈的怀中，重新获得了安全感以及对自我的肯定。

成人在批评孩子时，往往有很强的唯我独尊意识，批评刚刚开始，双方已出现了严重的心理壁垒。不要忘记，孩子也有他自己的情感和人格。批评并非是用横眉立目、训斥、挖苦等以威压人，而是以理服人。

说"你竟还敢顶嘴……"的同时，伴随着圆睁的双目和尖厉的叫喊，这些表情、动作构成一个强烈的刺激，使孩子对这些场景终生难忘。他们因此认为："原来爸爸妈妈是这样看待我的。"孩子的小脑瓜充斥着对父母情绪的判断，对自己到底做错了什么，如何改进反而无所适从。人际专家指出，真正高效的沟通是彼此消除防卫和揣测的沟通，形成宽松的谈话氛围。

批评的目的绝不是使孩子心灰意冷、垂头丧气，而是帮助孩子认识错误，纠正坏习惯，批评孩子的目的不是因为自己受到伤害必须出气，也不是因为孩子的过失给自己丢了面子而气急败坏。如果这种理性根植于心，家长在批评时就会更理智、更冷静。

理性批评在公众场合更为重要。在他人面前被自己最为亲密的父母教训后，孩子在反思自身错误前，首先感受到的是"被训了"的羞耻和强烈的不快。

教育家洛克说过："父母越不宣扬子女的过错，则子女对自己的名誉就越看重，因而会更小心地维护别人对自己的好评。若父母当众宣布他们的过失，他们越觉得自己的名誉已受到打击，维护自己名誉的意识也就越淡薄。"

批评孩子切忌话里套话，火上浇油，话中带刺，言过其实。有客人来访的时候不批评孩子，家人都在场的时候不批评孩子，因为这会伤了孩子自尊心；在饭桌上不批评孩子，否则会影响孩子的饮食健康；父母遇上不顺心的事情，在气头上的时候，不批评孩子，因为这个时候父母容易说话走火，影响批评的效果。

如果孩子感到你是成心与他过不去，你说多少也没有效果。孩子不接受批评往往不是因为家长的道理不对，而是因为他们不能接受家长那咄咄逼人的态度和恐怖的肢体语言。不分时间、地点、场合的训斥和指责，只会挫伤孩子自尊，引起他的反感，甚至会使孩子产生逆反心理。

其实，每一个孩子都具有天生向上的本能和把事情做好的自信。多经历几次错误、失败或是挫折，会使孩子变得更加聪明、更有见识，并逐渐成熟起来。

爱迪生就是靠着母亲的支持和鼓励，成为人类历史上杰出的科学家和发明家的。

爱迪生喜欢了解感兴趣的事物，但是对于上学就另当别论了。爱迪生 8 岁那年刚搬迁到休伦港不久，他整天坐在教室里，感到太没意思了。

当时流行的棍棒教育模式增加了爱迪生的恐惧与对学校教育的厌恶，而他好问的习惯更使得老师生气。爱迪生成了班上最差的学生，一连三个月都是如此。后来他听见老师议论他，说他有毛病，是个 "addled"。爱迪生知道这是什么意思，"addled" 就是 "腐坏的、变质的"。很明显老师是在侮辱他，爱迪生一怒之下，冲出了教室，而且再也不愿回去。

爱迪生的幸运在于他有一个支持他的母亲。有一段时间，爱迪生时断时续地去过一些别的学校，但大部分时间里是母亲亲自教他，或者任由他去自学。

母亲还有意识地挖掘孩子的阅读潜质，如莎士比亚的著作、历史读物、《圣经》等。在爱迪生 9 岁那年，母亲给了他一本科学方面的书，书名叫《自然哲学的学校》，这是他第一次看这种书，书中教给读者们如何在家里做一些简单的实验。从那时候起，爱迪生的生活就发生了变化。

当爱迪生把这本书中的实验都做完后，开始不满足了，他又买来化学制品，四处搜寻电线之类的边角料，在卧室里建起了一个实验室。他做的实验之一是将两只大猫的尾巴搁在电线上，摩擦它们的毛以取得静电。结果是他被两只猫抓得鲜血淋淋，但爱迪生对科学探究的兴趣越来越深厚。

爱迪生的母亲挖掘出了他的潜能，使他对科学研究产生浓厚的兴趣，并实现了自己的成就。

在中国应试教育的环境中，成人的愤怒很可能来自对孩子学业的不满，而孩子在知识领域的竞争甚至从幼儿园就开始了。

邻居琳琳是幼儿园中班的孩子，爷爷奶奶一直对她要求严格，孩子也特别好强。有一天，琳琳发烧请假，竟然焦虑地嚷嚷："完了！明天cpm（一种数学游戏课程）我连第三名也得不到了。"孩子奶奶说起此事，还为孩子的争强好胜而骄傲，而在我看来，本该轻松快乐的稚嫩的心灵现在就开始承受重负，实在令人担忧。

美国教育家斯宾塞曾经说过："身为父母，千万不能太看重孩子的考试分数，而应该注重孩子思维能力、学习方法的培养，尽量留住孩子最宝贵的兴趣与好奇心。绝对不能用考试分数去判断一个孩子的优劣，更不能让孩子有以此为荣辱的意识。"

⭐ 妈妈箴言

成人在批评孩子时往往有很强的唯我独尊意识，批评刚刚开始，双方已出现了严重的心理壁垒。

父母越不宣扬子女的过错，则子女对自己的名誉就越看重，因而会更小心地维护别人对自己的好评。

绝对不能用考试分数去判断一个孩子的优劣，更不能让孩子有以此为荣辱的意识。

太多的选择会使孩子失去决断力

妈妈可以试着强势一些，在有些时候直接做决定。

————————————————————◆————————————————————

　　家长很容易养成对小孩子问长问短的习惯，"你想上厕所吗?""现在穿上衣服好吗?"或"现在我们出门，行吗?"问题是孩子，特别是1~3岁的孩子，自然的反应是"不"。那么，可怜的家长就得费尽口舌说服孩子去干那些必须干的事情。实际上，对于这种事情，没必要给孩子选择的机会。到了吃午饭的时候，你应一边和他聊着刚才他关心的事情，一边领他去餐桌。当你看到孩子有大小便的兆头时，就应带他去厕所，或把小马桶拿来，让他坐上去，不必告诉他你在干什么。

　　在大多数情况下，用肯定的、友好的声音告诉孩子你自己选择的结果即可，比如说:"我今天想去看奶奶，我想要你一块儿去!"这样虽然不会引起孩子高度兴奋，但是，却向孩子表明了父母的需求和意愿。

　　很多妈妈也许会认为这样养育孩子有点专制了。的确，如果孩子从来都不做真正的选择，他便不能发现自己真正喜欢的是什么，但是若在太多的事情上选择过多，也会让孩子感到迷惑和不满，招来孩子的抗议。

　　如果孩子从小缺少一个自信的成人做榜样，那么，孩子很容易变得迷茫、善变，不知道该选择什么，应该去做什么。也就是说:如果总是让小孩子在很多的选择中自己去做决定，那这个孩子长大后就会成为一个没有决断能力的人。

实事上，孩子有时更需要的是引导，而不是选择。

5 岁的蒙蒙是一个可爱、开朗、充满了自信的孩子。蒙蒙的家里很自由，什么事情蒙蒙都可以说出自己的看法，但是妈妈会发表总结性意见。比如，午餐时妈妈准备了饺子，而蒙蒙不喜欢，妈妈就不强迫蒙蒙吃，而是去厨房准备一些发面的小包子。蒙蒙的妈妈认为：孩子有自己的想法，他不愿意吃，就不要过分强迫他。但是也不能由着他的性子只吃肉食和零食，管好宝宝，必须既讲"民主"，又讲"集中"。

在这个年龄，孩子喜欢的东西会有很多，如各式各样的零食、漂亮的洋娃娃、不同款式的服装、大大小小的各种玩具……但妈妈不能为孩子提供过多的选择，因为选择太多，孩子反而会感到无所适从。

例如，如果妈妈这样问孩子："你晚饭想吃点什么？"这个问题对于还处在形象思维阶段的孩子来说太难了，他们往往不知道该怎样回答。但如果妈妈这样问孩子："宝宝，你晚饭是想吃米饭，还是想吃包子？"这样孩子就能很快做出决定。

有些妈妈认为，如果给孩子很多选项，让他自己做出选择，这不是教孩子做决定的好机会吗？这是不可能的，因为我们为孩子提供的选择范围太宽泛了，他们会因不能理性思维而对这些选项感到迷惑和无助，反而会削弱孩子的自我意识。

有一段时间，我就犯过这类错误，几乎每件事都给孩子选择的机会，而且自己也表现得很善变，患得患失。这期间，元元表现出了同样的问题，选完了就马上后悔，改选其他，然后再变……优柔寡断的性格似乎有了萌芽的迹象。后来我有意识地减少这样的行为，少提供选项，辅以引导、暗示等手法，情况有了很大改善。

另外，给孩子太多的选择机会很容易引发争吵，因为孩子认识不到自己的要求何时会变得过分。而且，拥有太多的选择机会，还会纵容他操控局面，使他难以做好应对失望的准备；可能促使他变得自私，对他人的需求麻木不仁，甚至逃避责任，因为如果他不喜欢自己最初的决定所产生的后果，他总是会说："真是的，我选错了——我本来想选这一个。"

比如问，"你想穿什么颜色的毛衣?"孩子可能会提出家中没有的东西，若妈妈不能顺从时，反而会使孩子对妈妈失去信任。"你想穿这件绿毛衣，还是那件黄色的毛衣?"就会好很多——但即便如此，也切忌凡事如此。妈妈可以试着强势一些，在有些时候直接做决定。

由于这个年龄段的孩子还没有理性思维的能力，孩子更喜欢妈妈替他做决定。这时妈妈可以根据孩子的愿望，运用大人的经验和知识，帮助孩子。比如，"要下雨了，在图书馆里避雨比操场上好些"、"如果星期天我们去看电影，不去看奶奶，奶奶会伤心的"，必要时大人应该进入孩子的选择中去。

在判断正确与错误的选择时可说："我们已答应小刚去游乐场，不遵守诺言是错误的。"妈妈应该让孩子知道做决定就是要负责任。如果妈妈在做决定时态度和蔼而又坚决，很容易赢得孩子的合作，这样会使孩子有安全感，因为他知道妈妈在对他负责。当然，当6岁之后，当孩子有了理性思维的能力，他就不再需要妈妈为他做决定了。

⭐**妈妈箴言**

家长很容易养成对小孩子问长问短的习惯。

若在太多的事情上选择过多，会让孩子感到迷惑和不满。

妈妈要有充分的自信，为孩子规定好每天的生活，而不是拘泥于在琐事上频繁征求孩子的意见。

如果孩子从小缺少一个自信的成人做榜样，那么，孩子很容易变得迷茫、善变，不知道该选择什么，应该去做什么。

我们为孩子提供的选择范围太宽泛了，他们会因不能理性思维而对这些选项感到迷惑和无助，反而会削弱孩子的自我意识。

别让孩子的心变成一块石头

孩子非常容易受到成人的拒绝、奚落、批评和愤怒的攻击，他们应该在一种安全、宽容和温暖的环境中成长。

曾在小区花园看到这样一幕：几个孩子围着元元玩他的大蚂蚁拼插玩具，这套玩具是从国外带来的，孩子们很新奇，所以人越凑越多。这时传来一个妈妈的责备声，原来她的孩子也在人群中，手里的金箍棒碰到了某个小孩子，这位妈妈便恶狠狠地教训着小男孩，甚至说了极其难听的话，并上前揪了一下孩子的脸。

金箍棒是塑料做的，碰到人也不会太疼，而且被碰的小朋友也没有提出什么异议——这种年龄的孩子已经可以协商解决冲突了，所以这位妈妈的责备让我很不解，以至于怀疑她是否是小男孩的妈妈。当我此时敲下这些文字时，那位妈妈轻视、恶毒的眼神还挥之不去，我想不出她这样做的理由，也许是心情不佳？或是孩子表现得不够文雅？

孩子非常容易受到成人的拒绝、奚落、批评和愤怒的攻击。有些妈妈为了严格要求孩子，故意喜乐不形于色；还有些妈妈为了培养孩子的独立意识，对他们的一切常显出不闻不问的样子。殊不知，妈妈的这些行为往往使孩子不愿推心置腹，因为这些已经受到精神虐待的孩子害怕碰壁和遭遇冷漠。

妈妈故意轻视贬低孩子的能力，确实是"精神惩罚"和"心理折磨"的一种表现。长时间的轻视和嘲弄对孩子的自尊心是毁灭性的打击，甚至比大骂更可怕。"哀莫大于心死"，自尊心是一个人的精神支柱，如果这个支柱被摧毁了，人的精神生命也就结束了。很多孩子出现学习困难、行为问题、情绪障碍等，都与他们在童年时期心灵遭受过严重的创伤有直接关系。

语言是具有杀伤力的，眼神也一样，父母厌恶的眼神、轻蔑的语调能很深地伤害到孩子。更糟的是，这些伤害还有延续性。如果孩子屈从于"笨蛋"、"粗心"、"不负责任"、"你永远都学不会"这样的语言时，他受到的伤害将是翻倍的——将来的某一天，他会用这样的语言伤害自己或是自己的孩子。

孩子个子小、力量弱、知识少，但是他内心里有着想成为大人或者想跟大人一样威风的愿望。如果妈妈经常嘲笑孩子幼稚，把他看成他恰恰不想成为的那类人，那么孩子内心的这种"不如大人"的意识会变得越来越强烈，而且很可能使他真的无法摆脱幼稚。孩子的理解往往很简单，而且他天性敏感，那些嘲讽的话语就像一把无形的刀，深深地刺伤了他的心。

孩子应该在一种安全、宽容和温暖的环境中成长。

在批评或责备孩子的时候，期待值过高，将成人的标准强加于孩子，是妈妈们常犯的一个典型错误。这样的妈妈不知道，由于望子成龙、望女成凤的心态急迫，会有意识地忽略掉孩子的成长有他所必须经过的"规律"。

如果一个 6 岁的孩子因为得不到他想要的东西而哭泣，那是因为他只有 6 岁；如果一个 4 岁的孩子总是无法在汽车座椅里保持安静，那是因为他只有 4 岁。虽然我们总是希望孩子能表现得更成熟、更文明、更优秀，但事实是：孩子们总要经历那些固执、淘气、以自我为中心、多动等等行为的年月，这是他们成长的必经过程。

3～4 岁是人生的第一个"反抗期"。这个时期的孩子不再像以前那样听话，经常和大人"闹独立"，力图摆脱大人的约束。你让他去做的事，他偏不去做，你不让他去做的事，他偏去尝试。这是孩子独立性个性品质发展的重要标志，是一种正常的心理发育现象。此时，如果对孩子横加干涉或者责骂惩罚，孩子可能会暂时变得听话，但同时，其自尊心和自信心则受到伤害，独立性的发展便会停滞不前。

做父母的总是很难把握责备孩子的方法和分寸，似乎在潜意识中，妈妈责备孩子是天经地义的事，何况自古以来还有"打是疼，骂是爱"的观念。有些妈妈经常把这些话挂在嘴边："这全都为你好"、"你怎么总不如别人"、"你怎么越大越……"

其实我们只需少许时间，使自己的心态平和下来，然后站在孩子的立场将问题重新考虑一遍，十有八九都能够理解孩子的行为。如此一来，我们不需责骂、动手，便可以心平气和地说服孩子，原本积存于心中的不满也自然会得到平息。

面对精彩世界，孩子们想做一点事情。或者，他们想帮大人做一点事，但是，他们总是做得不太好，尽管有良好的动机，却往往把好事变成坏事。当孩子有过错的时候，其内心肯定会出现自责和冲突。这时，妈妈千万不要责备，而是要抓住时机，以宽容的心态面对，这样反而能够让孩子学会如何做好一件事。

大卫·科珀费尔是一位医学家，在他小的时候，有一次，他想从冰箱里拿出一大瓶牛奶，但是因为瓶子太滑，他一时失手，瓶子掉在了地上，将妈妈刚弄干净的地板溅得一塌糊涂，到处都是牛奶，像一片白色的海洋。

他的母亲闻声赶来，看到地上的惨状，并没有对他大呼小叫，或是责罚他。她对小科珀费尔说："哇，你制造的混乱可真棒！我还没见过这么大的奶水坑。反正牛奶也不能喝了，在妈妈清理它们前，你要不要在牛奶中玩几分钟？"

小科珀费尔兴奋极了，他在牛奶中玩得很开心。几分钟后，妈妈又过来对他说："宝贝，每次当你制造这样的混乱时，最好还是把它清理干净，你认为对不对？你看，我们可以用一块海绵、一条毛巾或一只拖把来完成清理工作，你喜欢哪一种呢？"科珀费尔高兴地选了海绵，于是他们一起清理了打翻的牛奶。

清理完后，妈妈告诉科珀费尔说："如何用两只小手拿大牛奶瓶，你已经做了一个失败的实验。来，让妈妈把瓶子再装满水，你再试试看怎样才能拿得动它。"科珀费尔很快就学会了如何拿大奶瓶，他发现用双手抓住瓶颈，瓶子就不会掉下来。

很多年后，科珀费尔成为科学家，当有记者问他为什么比一般人更有创造力时，他回答告诉记者，这和母亲的宽容和鼓励密切相关。这位科学家在母亲的宽容和鼓励下，懂得了过失是学习新东西的机会，因此他不再害怕过失和失败。

★ 妈妈箴言

在批评或责备孩子的时候，期待值过高，将成人的标准强加于孩子，是妈妈们常犯的一个典型错误。

我们只需少许时间，使自己的心态平和下来，然后站在孩子的立场将问题重新考虑一遍，十有八九都能够理解孩子的行为。如此一来，不需责骂、动手，便可以心平气和地说服孩子，原本积存于心中的不满也自然会得到平息。

故意轻视、贬低孩子的能力，是"精神惩罚"和"心理折磨"的一种表现。长时间的轻视和嘲弄对孩子的自尊心是毁灭性的打击，甚至比打骂更可怕。

相互谅解是家庭生活运转的润滑油。

——【中】萧乾

命令会让孩子更不"听话"

改变随意的说话方式，避免诸多禁令及否定性的字眼，这种改变不仅体现在语言本身的准确上，它还给了孩子一个良好的人文环境。

一位知名的美国教师谈到他做班主任的基本信念，那就是不能使学生感到恐惧。

然而我们有一种奇怪的思路：要想让孩子驯服，就要使他感觉更糟。命令般的语气会令孩子的心情变坏，与此同时，命令是基于孩子对父母权威的惧怕，只能临时奏效，这就是短视的父母经常会做的事情。

元元吃药的时候，如果我用强硬的语气喝令："马上喝了！"他多半会装作没有听见，直到我气得暴跳如雷，他才会极不情愿地、磨磨蹭蹭地去喝，还要提出种种条件。如果我语气平和而坚定地让他去做，他反而会比较配合。就像自己年幼之时，每当玩完喜欢的积木，大多会稍作拖延，自觉地将玩具收拾妥当。但此时，只要听到父亲一声"马上给我收拾干净"的号令，我那份干活儿的兴致便会随之一扫而空。

人的心理有时就是这么微妙，如同那随风摇曳的芦苇一般，受周边环境的影响起伏飘荡，变幻莫测。有时，即使是自己原本有意去做的事情，但倘若身边有人对此指手画脚，便会打消我们的积极性，甚至还会因此产生一种叛逆心理，令我们对这件事变得反感至极。

作家薛涌在《一岁就上常青藤》一书中提到美国两个阶层在教育孩子时不同的价值取向：劳动阶层更注重孩子态度上的恭敬，中产阶层则注意培养孩子内化的行为准则。

"劳动阶层的家教偏向于权威式，更多地使用体罚和命令；中产阶层的家教则讲究说理，在具体环境中善于运用抽象的原则来指导具体的行为。"

"劳动阶层的父母，对孩子很少提问和解释，更多地用直接的指令，比如：别碰那把刀子！在小学头三年级，劳动阶层的孩子表现还相当不错，安静，有礼……但是，中产阶级的孩子面对同样的问题，不仅轻松自如，而且显示了更多的想象力和创造力。"

"劳动阶层的家长对孩子指令比较多：干这个，不能干那个。简单明了，规矩严格。他们教育出来的孩子一般很懂礼貌，行为有一定之规，但习惯于服从，不善争辩。到了中产阶层的家庭，则是另外一番景象：家长对孩子要宠得多，对孩子绝不轻易说不。孩子如果要干一件家长所不容许的事情，家长会耐心地启发、商量，说服孩子放弃，有时甚至不得不谈判从而达成协议……他们更注重让孩子理解行为背后的准则，而这种准则对任何人都应该适用。"

"从表面上看，在这种家庭中父母毫无权威，甚至连买哪个玩具都要和孩子商量后才决定。不过，这样养大的孩子，一般比较自信，敢于为自己的利益去据理力争，习惯提出问题、独立思考和辩论。当然，由于从小不唯父母是听，他们更有所谓的批判性思维。他们在课堂上也比较出众，毕业就职，更会和各种社会组织打交道。"

两个阶层的不同教育理念和教育效果，很值得我们深思。

改变了随意的说话方式，避免诸多禁令及否定性的字眼，这种改变不仅体现在语言本身的准确上，它还给了孩子一个良好的人文环境。

其实，不论是大人还是小孩，都不喜欢别人对自己发号施令或指手画脚。因此，在打算与孩子共同完成某事或希望孩子处理某事时，记得要婉转地对其加以劝导，而不是采用强硬的语气发布命令，最好能够及时给予孩子适当的提醒或是建议，使孩子自觉地做出处理。

常常对着看电视的孩子大喊"别看了！赶紧做功课去"、"快去把拖鞋给我拿来"的妈妈，是把孩子当做自己的一件私人物品，没有把孩子当成应平等尊重的对象来看待。在这种命令的口气下，孩子只有被动服从和执行，影响自主意识的发展。

也许有很多妈妈认为孩子是自己的，就该听自己的话。其实妈妈的权威不是靠命令和强制的力量形成的，用命令的语气和孩子沟通，只能让孩子表面上服从自己，内心深处不以为然，很容易导致孩子的逆反心理。

从幼儿园回来，军军就在电视机前看他喜欢的动画片，妈妈已经把饭菜端上饭桌很长时间，叫了他好几次，他还是舍不得离开电视。妈妈一气之下，将电视关了。

可是军军并没有向妈妈妥协，又将电视打开了。妈妈很生气，但是她暗示自己冷静下来，然后告诉军军："饭菜凉了，吃下去会肚子疼的。再说你看的时间太长了，对眼睛不好。妈妈知道你是听话的孩子，吃完饭再看，好吗？"

军军听到妈妈和气的话，也觉得自己的做法不对，他跟妈妈道了歉，乖乖地走到饭桌前。

事实证明，当妈妈用惩罚、威胁或者命令的方式，很难赢得孩子的合作，而运用请求的方式却很容易赢得孩子的合作。当你对孩子提出要求时，措辞一定要用"……好吗"或者"……行吗"，不要用"能不能"，"可不可以"。当你说"把你的玩具收拾一下，好吗"时，你是在提出一个请求。当你说"你能不能把你的玩具收拾一下"时，你是在质疑孩子的能力，你是在问"你有没有能力把这儿收拾一下"，这样会使孩子产生抵触情绪。

合作必须靠赢得，而非强迫。因此，要想赢得孩子的合作，聪明的妈妈不妨变换一下方式，会收到意想不到的效果。

"成人世界"与"孩子世界"沟通的钥匙，父母和孩子都有一把，而最重要的是父母手中的钥匙。父母要想和孩子沟通，需要学会经常从孩子的立场上来思考，从孩子的角度来观察、决定事情，这是对孩子最大的尊重。与其用命令的方式对孩子指东指西，不如蹲下来好好和孩子说话。

千万不要动辄说出"去绘画班了吗"、"洗干净手了吗"、"练习都做完了吗"等对孩子信任度很低的话，也不要用"别惹麻烦"、"要听老师的话"、"妈妈回家之前把作业做完"等命令式的口气说话，而应亲切地对孩子说："妈妈相信你一定能做好！"借此激励孩子随时自省，感受到爸爸妈妈的关爱。

一个在专制与命令中成长的孩子，长期听着诸如"去！赶紧把玩具收拾了"、"赶快去睡觉！不要再看电视了"等等之类的训斥，有可能形成对强者唯命是从的习惯，养成怯懦的性格。没有孩子是喜欢听着命令长大的，想想，谁能忍受别人老是对自己颐指气使，动不动就不准这样不准那样或必须这样必须那样？妈妈也不喜欢有个人成天这么对自己吧，孩子更是如此。

其实，训斥完全可以换一种方式说出来，例如：命令孩子去睡觉，偏偏很多孩子是置若罔闻，只管自己玩自己的。如果妈妈明白孩子的心理，可以这样对孩子说："呀，这东西真好玩呀！可惜时间不早了，乖孩子应去睡觉了。要不你再玩 5 分钟，就去睡觉，好吗？"这样既夸孩子乖，又是用征询的口气同他说话，孩子感到受到了尊重，也许到不了 5 分钟就乖乖地睡觉去了。这样也为妈妈留下了余地，即使孩子暂时不听话，也不至于激得妈妈为了自己的威严而大动肝火。

⭐妈妈箴言

　　命令是基于孩子对父母权威的惧怕，只能临时奏效，这就是短视的父母经常会做的事情。

　　有时，即使是自己原本有意去做的事情，但倘若身边有人对此指手画脚，便会打消我们的积极性，甚至还会因此产生一种叛逆心理。

处在盛怒中的人驾驭的是一匹疯马。

——【美】富兰克林

孩子生病，不是任何人的错

孩子都是在病痛中长大的。

————————————————————●————————————————————

　　孩子生病是妈妈最焦虑的时刻，而且总是伴随着自责。如果我不带他去动物园就好了，是玩得太疲倦的缘故吧？衣服没有穿对，所以着凉了，还是我太大意了……这样的自责，特别是发生在上班族妈妈身上，是太普遍的事情。看着孩子生病难受的样子，当妈妈的心情往往十分忧郁，如果因为要工作，无法脱身照顾孩子，只能交给爷爷奶奶或保姆时，更是自责不已。

　　我记得有一段时间，每当元元突然咳嗽时，我开始担心。是洗澡水太凉？还没在浴室穿好衣服就出来着凉了？在外面玩出汗后没及时处理受了风寒？或是幼儿园里小朋友互相传染的？随即开始责怪自己或保姆太粗心、照顾不周。其实，感冒、发烧、鼻炎、过敏症等，都是小孩子的常见病，有时候，病毒已侵入体内，洗澡水凉之类的只是诱因，何况病情已经出现，太过于纠结病因也没有意义了，怀着开朗积极的心态去治疗就是。大多数情况下，服药就可以痊愈了。

　　当妈妈无法照顾孩子时，可以先对孩子表达感同身受的心理，比如，"你一定很疼吧"、"鼻子堵堵的不能好好呼吸，很难受是吧"。再对孩子解释："妈妈现在因为需要工作，所以无法陪你去医院，你应该能够理解吧?"将实际情况如实加以说明。告诉孩子"医生会很好地照顾你，帮助你缓解病痛"、"妈妈下班后就马上来看你，不用担心"之类的话。

如果忙不迭地说"妈妈不能陪你去医院了，真对不起你"或"让你一个人去医院，真是对不起"之类表达歉意的话，并不明智，会让孩子认为妈妈在逃脱责任，软弱可欺，同时会萌发"自己好可怜"的自怜心理，反而对妈妈有意见，变得任性难缠。这会使上班族妈妈原本异常忧郁的心情变得更加糟糕。

孩子都是在病痛中长大的。孩子的抵抗力会因为经历这些疾病逐渐增强，他们顽强的生命力也不会因为小病小灾受到太大的影响，孩子生病时，妈妈要压制住烦乱的情绪，陪伴他做游戏，看动画节目，帮助他转移注意力，病情自然会好转。顺便还可以给他讲一些人体科学、生理常识。

当元元发烧时，我会告诉他，为了和小病菌打仗，你的身体派出了白细胞部队，白细胞运动得很剧烈，所以身体会发热，白细胞消灭敌人的同时自己也会死去，你流的鼻涕就是死去的白细胞和病菌的尸体! 仗打赢了你就会好的，我们一起给白细胞加油! 孩子在充满画面感的描述中既觉得有趣，无形中又感觉到自己正在和自己的身体一起努力，增加战胜疾病的信心。

除了自责，更忌讳的是用责备的语气数落生病的孩子，"就因为你不听话，所以着凉了"、"你看，我早说过吧，不穿外套会感冒的"。孩子因为行为不当生病，已经品尝到了自然后果，这时的责备听上去会特别刺耳，孩子会在意家人的态度和语气，停留在对这种责备的对抗情绪中，反而不会思考不当行为的后果。

也就是说，面对这种责难，孩子只会觉得妈妈生气了，她不再喜欢我了，而不会有其他深刻而理性的认识。

⭐妈妈箴言

　　除了自责，更忌讳的是用责备的语气数落生病的孩子。

如何面对孩子的孤独感

妈妈自己开放的交际态度至关重要。

　　近年来，世界各国都对儿童孤独症做了大量的研究，有资料表明，我国患孤独症的儿童已经超过 40 万例。造成儿童孤独感的原因有三：一是越来越忙的父母无意识中"忽视"了宝宝；二是独生子女越来越多，孩子缺少玩伴；三是父母很少以孩子的思维和孩子进行有效的沟通。

　　没有朋友的童年是不幸的，对于这一代独生子女来说，他们孤独的心理比任何一代人都强烈，他求友的欲望也比任何一代人都迫切。

　　面对孩子的孤独，做妈妈的应该怎样帮助他们呢？以下是一位妈妈的经验。

　　"自从女儿樱子上幼儿园以后，我就发现女儿不合群。但是，我没有刻意地对女儿进行说教，比如'你应该和小朋友玩'、'你应该学会……'等，而是尽可能创造机会，引导樱子和小朋友一起踢球、藏猫猫、讲故事、讨论一些有趣的问题，引导她参与沟通、游戏，我还主动张罗一些采草莓、采香菇、爬山踏青等活动，发动小区里同龄孩子的家庭一起参加。我热情联络的状态对孩子有很大的影响，她对交际越来有兴趣，经过一段时间的引导，樱子在一次次游戏和交谈中不知不觉地融入了小伙伴的圈子里。"

日本儿童教育专家发现小孙女太过于安静，就有意识地引导她学会游戏玩闹。他用两张报纸卷成两把"长剑"，和她一起玩击剑游戏。女孩渐渐喜欢这个游戏，每次外公来都缠着要玩，游戏释放了体力和精力，培养了专注力，女孩的性格也开朗了许多。

制造一种氛围，让孩子自然表达非常重要。

一位妈妈询问心理医生，她的丈夫死后，孩子很伤心，她总想安慰儿子，很想让孩子说出自己的想法，然而，每每提起此事，孩子总是闭口不提，对谁也不谈论此事。在心理医生的建议下，妈妈不再问孩子的感受，而是有时提起自己对丈夫的思念，和孩子一起回忆和丈夫在一起时一家人的快乐时光。儿子反倒一下子开口了，主动分担妈妈的痛苦，再也不那么郁闷了。

另外，做妈妈的也要注意协调邻里、朋友之间的关系，多帮助别人，使孩子耳濡目染，不致养成孤傲的性格。

妈妈开放的交际态度至关重要。我带着元元在公共场合，总是自然地和周围的人打招呼，参与谈话。问路、在超市和售货员交流、在餐厅和服务员交流时，也会非常注意自己的言谈举止。有几次这样的经历，身边的孩子也就很容易找到陌生情景下的交际开场白了。比如，有一次，我们在小花园遇见一个大一些的男孩在玩车，元元静静观察了几分钟之后开口："你的车怎么是一个轮子的?"随后，两个人的聊天和游戏开始了。

还有一次，我带着元元去森林公园玩，为了不至于太孤单，约了朋友同去。朋友的孩子林林比元元小两岁，元元有些不情愿和比他小的孩子玩，更何况上次被林林抓得浑身是伤……

"林林处于直接行动思维期，他喜欢你，很想和你玩，但不知道怎么表达。妈妈相信你能找到和他相处的办法。"我这样开导他。

到了公园，正好碰到一个 6 岁的孩子也骑着山地车，我鼓励元元主动骑过去，和他一起玩。很快，两个孩子就玩得热火朝天，林林也不停地在草地上追着他们跑。后来，元元提起这次游玩很是满意："我们玩的是草地巡逻游戏，林林扮演毒蛇，我们得引蛇出洞，但他一追上来我们就得拼命逃跑。"

元元用合适的游戏找到了和小伙伴相处的方式。这其中，家长的组织和引导非常关键。

对于性格内向的父母，挑战性就更大一些，若想让孩子具有外向的特点，最佳选择就是在家里带头倾吐内心感受；在外面主动与人问候交谈，让孩子有机会模仿这些外向的行为模式——有些内向的父母就这样培养出了活泼外向的孩子。如果父母在孩子缺乏模仿对象的情况下强迫孩子表现出懂礼仪、爱交际，只会适得其反。

一位性情文静的妈妈告诉我说："我不爱热闹也不爱运动，但有了孩子之后，我会有意识地给她创造更健康的环境，我试着学习在玩闹中找到乐趣，最后真的找到了，在孩子自由发展的同时，我发现自己也尝试了不同的生活，而且真的很好玩。我也鼓励懒散的老公加入我们的队伍，周末不再睡懒觉，而是在阳光和奔跑中享受放松和惬意。我们还学会了轮滑——和孩子一起学的。"

如果没有孩子，生活中的很多扇窗户也许会永远关闭。选择帮孩子打开眼界，也会永远地改变我们自己的生活，一起拥有更积极、更开放、更健康的人生。

⭐ 妈妈箴言

制造一种氛围，让孩子自然表达非常重要。

如果父母在孩子缺乏模仿对象的情况下强迫孩子表现出懂礼仪、爱交际，只会适得其反。

孩子说谎，妈妈有责任

如果遇到孩子偶尔撒谎，妈妈不要做出歇斯底里的反应，也不要一番大道理劈头盖脸地上来，而是要先鼓励孩子讲出实情，消除孩子恐惧的心理。

我有个朋友，小时候常因为说谎而挨打，原因就是一开始犯了错被暴打，日后一旦做了略微出格的事，因为害怕挨打，就学会了说谎。刚开始说谎确实瞒过了父母，避免了被打，尝到甜头后习惯性说谎，又开始因为说谎而屡屡挨打。很长时间后父母才意识到自己的粗率和暴力，但这段经历已深深地在孩子心中埋下了阴影。

看到孩子不诚实，大多数妈妈非打则骂，认为这么小的孩子就学会了说谎，不好好管教是不行的。可是，这多半不能让孩子改掉说谎的毛病，所以，很多妈妈会边打孩子边说："真是屡教不改。"可是，她们却很少能够意识到，孩子的不诚实，正是从父母身上学来的。

比如，不愿借东西给邻居，就教孩子对人说"东西借给别人了"或"东西弄丢了"；不想去参加家长会，就让孩子对老师说"我妈妈出差了"；不想接的电话，就让孩子回答说"我妈妈不在家"；想让孩子为自己保密便要求孩子说"这事别让你爸爸知道，不然不给你买玩具"；为了让孩子服很苦的药，就会哄孩子说"不苦、不苦"；为了让孩了打针，也会哄孩子说"不痛、不痛"……更有讽刺意味的是，当警告孩子不要说谎时，父母不要对孩子说"如果你说谎就把你的舌头割下来"，孩子说谎了，父母当然不会真的割他的舌头，这使孩子认为父母的警告本身就是谎言。

还有一些家长常常为了诱导孩子做一件事，就轻易许诺，事后就忘记了。孩子的希望落空了，就会发觉家长在欺骗自己。比如妈妈嘱咐儿子，在家要听话，如果表现好，就带你去动物园。结果孩子努力去做，表现得很好，而妈妈星期天有许多应酬，就把日期推后，而且一推再推，最后不了了之。孩子因为妈妈的诺言没有实现，感到失望，甚至因感到受骗而愤怒。

1998 年 11 月 9 日，美国犹他州发生了这样一件事。该州土尔市的一所小学的校长，历时三个小时，在冰天雪地里爬行 1.6 公里去上班，受到全校师生的热烈欢迎。

原来，新学期开始之初，为激发大家的读书热情，42 岁的路克校长曾公开承诺：假如全体师生在 11 月 9 日前读书 15 万页，他将在 9 日那天爬行上班。

这一来，全校师生掀起了一股从未有过的读书热潮，连附属幼儿园稍大一点的孩子也参加了进来。

终于，在 11 月 9 日前，师生们读完了 15 万页书。

"你爬不爬？"有的学生打电话给校长，"你说话算数吗？"也有人劝他："你激励学生读书的目的已经达到了，就不要爬了。"

路克语气坚定地说："那可不行，一诺千金，我一定要爬着上班。"

那天，路克和平时一样在早晨 7 点离开家门去上班。与往日不同的是，他没有驾车，而是四肢着地往学校爬去。为了保证安全和不干扰交通，他没有在公路上爬行，而是在路边积雪覆盖的草地上爬。过往司机鸣笛向他致敬，甚至有几个学生索性和校长一起爬，一些记者也闻讯前来采访。

一路上，路克校长磨破了五双手套，护膝也磨破了，但三个小时之后，他终于爬到了学校，激动的师生们夹道欢迎自己心爱的校长。当气喘吁吁的路克面带微笑地从地上站起来时，学生们蜂拥而上，紧紧拥抱并亲吻他……

一个人如果失去了信誉，就会失去自己的尊严。校长坚守了自己的诺言，把信誉赠送给了学校每一人。

其实，没有哪一个妈妈有意要教孩子说谎，只是由于小孩子辨别是非的能力比较差，并且特别喜欢模仿大人的言语和行动，因此孩子在与成人一起生活、交往的过程中，如果经常遇到类似的事情，他便会分不清真话与假话的界限，并在其幼小纯洁的心灵中播下了撒谎的种子。

要培养孩子信守诺言的品格，对做妈妈的来说，需先做出诚实正直、信守诺言的表率，妈妈则应该在信守诺言方面做孩子的楷模。想想看，一个自己做事都出尔反尔、从不信守诺言的妈妈，怎么能教育出信守诺言的孩子呢？因此，妈妈对于自己的言行，一点也马虎不得。

我一直要求元元"言必行，行必果"。"实事求是，说到做到"是我们的家规，这个简洁的规则对约束孩子的行为，引导他从小就懂得慎言慎行，对自己的言行负责，有很好的功效。和元元在一起时，我和老公要是对自己的承诺稍有迟疑，元元就会大声嚷嚷，妈妈说话不算数！爸爸骗人！我也会马上意识到自己"违规"了，一般情况下都会遵守约定，要是情况特殊，不得不食言，也会耐心向他解释，请求他的谅解后再行为，不会武断行事。我注意到元元在平时和小朋友游戏的时候，也会对出尔反尔的孩子特别反感和愤怒，会大声地谴责。他的人缘好，朋友多，应该和守信、负责也是有关的。

孩子是最重实际的，在说教与实际不相一致时，他们向来以实际为取舍。孩子的眼睛最真实，倒是成人们常常爱做"睁眼瞎"，并斥责孩子的直率。如果妈妈言行不一，表现出不诚实，对孩子的诚实教育不仅会完全失效，还会使这种教育本身变得不诚实。

如果遇到孩子偶尔撒谎，妈妈不要做出歇斯底里的反应，也不要一番大道理劈头盖脸地上来，而是要先鼓励孩子讲出实情，消除孩子恐惧的心理。

前面讲过元元弄坏我的牡丹项链的故事，其实 3～6 岁的孩子不会存在多么深的心机存心干坏事，他撒谎多半是受惧怕心理的驱动。在民主氛围浓厚的家庭，孩子有话敢说，凡事可公开讨论，以对错论英雄，谎言存活的空间一定很小。妈妈只要态度温和地鼓励孩子讲出原委，及时鼓励他说出实情，孩子通常会自动意识到自己的错误。在一个专制家庭中，孩子的自尊心常受到伤害，无论说了什么做了什么，一顿批评之后，再也不敢说实话了，批评的目的荡然无存。

其实，妈妈只要用宽容的方式对待孩子说谎的行为，孩子都会理解妈妈的苦心，从而认识到自己的说谎行为是错误的，并努力纠正错误。这样一来，不但起到了教育孩子的效果，也会使孩子与妈妈之间的感情得到进一步加深，让孩子更加信任与尊重妈妈。

⭐ **妈妈箴言**

一个人如果失去了信誉，就会失去自己的尊严。

要培养孩子信守诺言的品格，对做妈妈的来说，需先做出诚实正直、信守诺言的表率。

妈妈只要用宽容的方式对待孩子说谎的行为，孩子都会理解妈妈的苦心，从而认识到自己的说谎行为是错误的。

人格成熟的重要标志：宽容、忍让、和善。

——【美】戴尔·卡耐基

第五章

注重情商培养，别让孩子太"弱"或太"独"

0~6岁，通常被人称为"潮湿的水泥"期，孩子85%~90%的性格、理想和生活方式都是在这段时间形成的。塑造孩子性格、心理和行为习惯的钥匙，就握在妈妈的手中。

鼓励孩子大胆表达不良感受

倾听了孩子的心声之后，再与孩子共同讨论和探索解决问题的方法。

"妈妈，我想转学了。"

"哦，你想转学，我听着呢。"（我假装平静，其实心里吓一跳）

"我真的想转学了，想换一个幼儿园。"

"一定有什么事情发生喽?"

"那个 xxx，老和我比试力气，我都快烦死了。"

"是这样啊，她力气很大吗?"

"很大啊，我都抱不动她，其他小朋友我都能抱动。"

"嗯。你真有力气！如果你不喜欢和 xxx 玩比力气，可以选择不和她玩，找别的小朋友玩就好啊。"

"可是 xxx 老缠着我啊。"

……

后来得知，xxx 小朋友是个胖胖的小女孩，确实力气很大，自我感觉不错的元元在她那里遭遇了"滑铁卢"。

我们真的很难预料孩子烦恼的原因。所以，鼓励孩子大胆、清楚地表达自己的想法和感受，帮他解开心结，是非常重要的。

有一天，可可从幼儿园回到家后，默不作声地躺在床上。妈妈忙走过来问："可可，你怎么了?"可可还是不说话。"如果你不说，妈妈不知道你怎么了，也想不出好办法，你告诉妈妈怎么回事，好吗?"通过妈妈的提示，可可终于开口说话了："妈妈，我头疼，还有点晕，我也不想说话。""可可，妈妈领你去看医生。但是，妈妈还是要告诉你，当你身体不舒服或者心里有想说的话时，要主动讲给妈妈听，这样妈妈才知道你的想法，才能去帮助你。"可可点点头。

鼓励孩子说出心里的话，是保证孩子心理健康的方法。孩子经常会在妈妈面前闹情绪，其实闹情绪就是因为孩子的内心情感没有得到合理宣泄。

还有一种情况，就是孩子在外面受了欺侮时，对于幼小的孩子，受欺侮就等于身体和心理同时患病了，这种时候，需要妈妈给予更多的关怀。

孩子们一起游戏时，一些身体强壮、性格强势的孩子常常会占了便宜，那些身体瘦小、性格软弱的孩子就受了欺负。有些妈妈对此并不当回事儿，她们认为，大孩子欺负小孩子，男孩子捉弄女孩子，都是儿童成长过程中的正常现象，自己小时候，也是这么过来的，也并没有什么大问题嘛。

但是现在的孩子，并不像上一代那样，他们在家里是父母的宝贝，要什么有什么，换个环境——比如在幼儿园，就成了受气包，这种反差，常常使他们难以接受。长期受人欺负可能对孩子产生严重的心理影响，他们常常会变得抑郁、沮丧，甚至认为自己毫无用处……

作为妈妈，我们有责任给孩子足够的关爱，不放过他们身上的任何潜在征兆。

168

1. 伤痕与瘀紫

孩子们通常容易被划伤、擦伤或碰得瘀紫，但如果你孩子身上的伤多于正常发生的数量，你可能就要探究一下原因了。你的孩子可能觉得承认自己受到欺负是一件十分难堪的事，但受到身体侵犯是不可容忍的，你需要弄清楚究竟是怎么回事。

2. 头疼、肚子疼

经常抱怨头疼或肚子疼也是孩子可能受到欺负的一种迹象，尤其是发生在孩子就要去幼儿园之前。这两种症状都有可能是孩子为逃避上学而寻找的借口，但是，这种生理上的反应也可能完全是真实的，吃饭没胃口也是受欺负的征兆之一。担心受欺负的思想压力往往会导致孩子出现真正的生理疾病。

当孩子出现反常情绪时，这代表他的生活可能出现了一些麻烦。这时候妈妈要以爱和同情来接纳孩子，引导孩子倾吐心中的不快，让孩子知道妈妈了解他此时的感觉。倾听了孩子的心声之后，再与孩子共同讨论和探索解决问题的方法。

一般容易受欺负的孩子都是自信心不足的孩子。自信心不足就比较容易顺从、没有自己的主见，也就是平常人们所说的懦弱。孩子有此现象，妈妈也不要急，更不要轻易去责骂孩子无用之类的话。3～6岁的孩子还处在性格成型期，妈妈平常要注意培养受欺负孩子的自信心，提高他们的自尊水平和自我评价能力，使其认识到自己的价值和能力。那么怎么样才能做好这些呢？这就要求妈妈在日常生活中要善于发现孩子的长处并及时给予鼓励和表扬，让孩子体验到成功的欢乐和自己的价值。另外要跟老师随时沟通，并请老师协助，老师的关心和重视，更能让孩子受到鼓励，让孩子能在长期的熏陶培养中提高他们的自信心。

有些父母总是希望孩子受到欺负时能够积极反抗和自卫，以免养成懦弱的个性。但是，大多数父母同时又理智地认识到，"打回去"的教育并不能解决根本的问题，对于力量上本来就处于弱势的幼儿更不适宜。更何况，成人社会中，暴力行为最终也要受到社会的谴责和法律的制裁。因此，教孩子正确的交往技巧，学会以智慧和能力取胜，才是孩子立足于未来社会并在竞争中获得成功的根本途径。

★妈妈箴言

　　我们真的很难预料孩子烦恼的原因，所以，鼓励孩子大胆、清楚地表达自己的想法和感受，帮他解开心结，重现疏朗，是非常重要的。

　　我们有责任给孩子足够的关爱，不放过他们身上的任何潜在征兆。

　　家庭关系的和谐依赖于各方履行自己的义务。

——【英】雪莱

培养有责任感的男孩

　　一个只有 5 岁的小男孩，竟然有如此强烈的负责精神，可
见其父母的教育是成功的。

　　有一个人到瑞士访问，在一个洗手间里，他听到隔壁小间里一直有
一种奇特的响动。由于这响动时间过长，而且也过于奇特，因此引起了
他的好奇心。他通过小门的缝隙向里探望，这一看使他惊叹不已，原
来，小间里一个只有 5 岁的小男孩正在修理马桶的冲水设备。一问才知
道，是这个小男孩上完厕所以后，因为冲水设备出了问题，他没有把脏
东西冲下去，所以他就一个人蹲在那里，千方百计地想修复它。而他的
父母、老师当时并不在身边。这件事令这个人非常感慨，一个只有 5 岁
的小男孩，竟然有如此强烈的负责精神，可见其父母的教育是成功的。
　　教养子女必须要有使命感，这样才能调教出懂事又有责任感的孩子。
　　美国国庆日前夕，一个 11 岁的男孩搞到了一些禁放的烟火爆竹，
其中包括一种威力巨大的鞭炮，叫做"鱼雷"。一天下午，他走近一座
桥边，朝桥边的砖墙放了一个"鱼雷"大鞭炮。一声巨响，让男孩神采
飞扬，可就在这时，警察来了，把男孩带去了警察局。
　　尽管警长认识这个男孩以及他的父亲，他依然严肃地执行对烟火的
禁令，判定一大笔罚金。这个男孩自然交不起，只好由父亲代交。

让人感慨的是，这位名叫杰克的父亲虽然没说太多的话，却让11岁的儿子打工挣钱还罚金。后来，这个小男孩成了美国的总统——里根，他回忆道："我做了许多零工活才还清了我欠爸爸的那笔罚金。"显然，这件事情让里根懂得了一个人要为自己的过失负责。

当 Google 的创始人赛吉·布林（Sergey Brin）和拉里·佩奇（Larry Page）在电视上被访问时，记者问他们的成功应该归功于哪一所学校，他们并没有回答斯坦福大学或密西根大学，而是"蒙特梭利小学"。

在蒙特梭利教育的环境下，他们学会了"自己的事，自己负责，自己解决"，这样的教育方式赋予了他们鼓励尝试、积极自主、自我驱动的习惯，因而带来了他们的成功。

责任使人成长，责任使人超越，没有社会责任的人永远难担大任。

比尔·盖茨说："你可以不伟大，但不可以没有责任心。"

美国品德教育联合会主席麦克唐纳说："能力不足、责任可补；责任不够，能力无法补；能力有限，责任无限。"

科威特著名作家穆尼尔·纳素说："责任心就是关心别人，关心整个社会。有了责任心，生活就有了真正的意义和灵魂。"

著名作家余秋雨认为：男性的第一魅力是责任感。

……

很多妈妈说起责任感，也会这样言之凿凿，激情澎湃，但要想真正培养好孩子的责任感，需要的是细心体察，从小事做起。

⭐ **妈妈箴言**

教养子女必须要有使命感，才能调教出懂事又有责任感的孩子。

责任使人成长，责任使人超越，没有社会责任的人永远难担大任。

"我不想吃凉饭！"

当孩子切实品尝到这种滋味后，做起事来才不会鲁莽、草率和任性。

元元 4 岁时，有一段时间上幼儿园很是磨蹭。其实他并不反感去幼儿园，只是又想玩会儿玩具，又想玩会儿书，再去吃点酸奶、饼干……宝贵的时间就这么过去了。老师提醒了多次，我不想做个唠叨老妈，于是绞尽脑汁想办法。

"如果你不能 7 点 45 分准时出发，我就不去送你，让阿姨送吧。""不要！"有几次管用了，但很快失效。他发现阿姨送也没什么不好，也就没了配合的意思。

再加上元元有时喜欢和我们一起吃点早餐，这样时间就更不够了，有时我干脆让他吃完早餐再去，但这样做，孩子对于去幼儿园的时间意识就又模糊了，认为有退路。于是改为送完他，我再回家吃早餐。因为幼儿园离家很近，对我来说也就是延迟十分钟用餐而已。同时，不准元元一早吃零食，必须去幼儿园用餐。

没想到就这么一改，问题就解决了。

一天早晨，元元竟催着我送他去幼儿园。我问他："怎么知道着急了？"

"我不想吃凉饭。"

凉饭，是他不能准点到园的自然结果，当他自己因为这个结果不舒服时，就会服从规则，更严格地要求自己。随着他思维理性的发展，他会继而由单纯"不想吃凉饭"再发展到对守时、纪律更清晰的理解，对自己负起责任。

后来，我只需提醒元元最晚出发的时间，在多少分钟内必须完成事情，他就会有条理地统筹处理，每当他能够坚持将任务完成，我便及时加以表扬，元元的守时意识渐渐得到了强化。

家长培养孩子的一个最重要的目标，就是帮助他们成为一个独立的个体。让孩子自己做自己的事情，亲自经历各种问题带来的挣扎，在自己的错误中得到成长。

妈妈应当让孩子依赖感降到最少，要求孩子勇于对自己的言行负责。不论孩子有什么样的过失，只要他具备承担责任的能力，就要让他去勇敢地面对，就不能让他逃避和推卸，更不能由大人越俎代庖。

比如，孩子损坏了别人的玩具，妈妈就应要求孩子自己去帮人修理或照价赔偿；孩子一时冲动打伤了人家，妈妈就应要求孩子自己去登门道歉；孩子早晨磨磨蹭蹭上幼儿园要迟到了，妈妈也不用着急慌忙地送他，让孩子自己去面对老师的批评好了。

只有当孩子切实品尝到这种滋味后，做起事来才不会鲁莽、草率，因为他知道错误需要付出艰辛沉重的代价。这样会使孩子从小就懂得为自己的言行切实负起责任来，这对增强孩子的自律精神、谨慎言行，以及将来独立和全面地承担人生责任和义务，顺利地融入社会生活，是非常有益处的。

生活中，我们常常会遇到这样的情况，孩子走路时不小心被椅子绊倒了，趴在地上哭，这时妈妈会急忙跑过去把孩子扶起来，并对孩子说："这把椅子太坏了，把我们家宝宝摔疼了，妈妈打它。"说着向椅子拍几下，孩子看了，又笑了起来。

看上去，妈妈当即把孩子哄住了，但却给了孩子一个暗示：跌倒了怪椅子，孩子完全没有责任。这很容易使孩子产生一种思维惯性，凡有错误都怪别人，自己完全没有错。这样的孩子做事往往会推卸自己的责任。因此，当孩子犯了错误时，妈妈首先要让孩子意识到自己的责任，然后再帮助孩子解决问题。

　　只有幼时先学会对自己负责，才能学会将来对社会负责。在北美，大学录取新生，一个非常重要的指标就是"志愿者服务时间"。加拿大规定，高中生在校期间要完成 40 小时的社区服务（义工），否则不准毕业。这种做法的背后是这样一种认识：一个孩子是否关心他人的命运，是否关注社会的需要，是他今后能有多大造诣的前提条件。同样，哈佛大学特别强调社会责任感的培养，把"为增长智慧走进来，为服务社会走出去"作为校训。

⭐ 妈妈箴言

　　家长培养孩子的一个最重要的目标，就是帮助他们成为一个独立的个体。让孩子自己做自己的事情，亲自经历各种问题带来的挣扎，在自己的错误中得到成长。

　　只有幼时先学会对自己负责，才能学会将来对社会负责。

　　应该使孩子感受到准时是他的责任。

其身正，不令而行。其身不正，虽令不从。

——【中】孔丘

家务事是人生的基础课

　　妈妈完全可以消除自己的内疚和内心矛盾，自信地为孩子分配工作。

　　孩子是如何学会完成各种任务的呢？

　　他们觉得自己穿衣服、刷牙、扫地、把东西放好是有趣的。孩子的特点是好奇好动的，一般都愿意参加一些活动，遗憾的是父母总是愿意在孩子早期包揽或插手孩子做事，在孩子五六岁时又开始抱怨孩子不能沉下心做事。家长要尽早让孩子练习一些基本生活技能，如穿衣、穿鞋、擦桌子等能够独立完成一些简单的事情。凡是孩子能够做到的，家长尽量不插手，给孩子足够的时间去思考、尝试，发现自己的能力。

　　孩子感觉自己有能力去做好某件事，就会果断地去做。当他第一次萌发自己做事的兴趣时，做父母的一定要好好保护它，让孩子以此为乐。

　　记得元元一岁多时，他在奶奶家拿块抹布像模像样地东抹西抹，干起来劲头十足；两岁的时候，就会提醒我刷完牙后把牙具放好，很小的婴儿也会觉得自己能干成人干的事。

　　如果家长在孩子长大的过程中始终同孩子保持良好的关系，那么孩子很乐意为父母跑腿、搬包裹，因为他们愿意通过参与重要的工作取悦父母。但许多引领孩子参与家务的实践似乎表明，除了逗乐或者得到金钱奖励之外，家务活似乎并没有什么价值。家长们也变得筋疲力尽、不胜其烦，或是后悔努力去取悦孩子来达成妥协，所以最终就放弃了。

如果我们意识到孩子们本来是乐于帮忙做家务的，我们就不应把家务劳动当做苦差事，也不会在情绪不佳时支使孩子去干活。要让孩子意识到，家务活本身就是一个礼物。

家务劳动对于培养孩子各种优秀品质具有不同寻常的重要意义。让孩子适当地参加劳动，既有利于增强孩子的体质，也有利于培养孩子的责任感，有利于锻炼孩子的意志和毅力，提升孩子社会实践的能力和生存的本领。

孩子作为家庭的一员，从小就要有为家人服务、为家人付出的意识，要让孩子把做家务事当成他理所应当的工作。其实，在孩子眼中，做家务和玩弄积木一样，都是玩乐，只是如何引导孩子享受这种玩乐，需要妈妈的智慧。

孩子做家务事时，妈妈要给孩子多一些鼓励，少一点挑剔，多一些指导，少一点指责。就好比玩玩具，孩子也是很忌讳妈妈在一旁唠叨挑剔的，把规则说清楚就可以了。一般的孩子即使到了 15 岁，也不会对各种事总是认真负责，因为他们尚未建立责任感，只是出于兴趣或被动地服从而完成工作。提醒他们时要客客气气，实事求是，就像和同事、朋友说话一样。让孩子和家里的其他人一起做些事情也是个好办法。让孩子先参与进来，他们就会越来越有兴趣。

家务琐事很可能就是伴随人们最久的财富，有助于他们成为独当一面的人、富有责任感的社会成员以及慈爱的父母。

十几年前到一个朋友家做客，他家的男孩当时 12 岁，我随口问了一句，孩子是否做家务，他的回答是，家里这么多人，哪需要他做家务啊。弄得当时的我错愕之余，还很尴尬。

一个特级教师曾总结道，在他走访过的学生家庭中，凡是成绩突出的优秀学生，他的房间也是收拾得井井有条，整洁有序；而成绩落后的差生，他们的房间也大多凌乱不堪，满地污物。

回到那个朋友的例子，现在男孩已经大学毕业两年，闲在家中无所事事，懒散度日，连走路都是拖沓得很，毫无年轻人的朝气和活力。至于家务，依然还是他老爸老妈的事。

美国哈佛大学的威特伦学者花费了 40 年时间，追踪观察了 256 名波士顿少年，结论是：从小爱做家务的孩子，成年后与各种人保持良好关系的比不爱做家务的孩子多 2 倍，收入多 5 倍，失业少 16 倍。这就证明，从小爱劳动的孩子，健康状况好得多，生活也过得美满充实，因为劳动能使孩子获得各种能力，感到自己对社会有用。

从生物学的角度看，人的个体成长也需要劳动和制作。因为劳动和制作需要动手，手上大量的神经束通向大脑，促进脑神经元的发育和完善，还因为劳动和制作，肯定伴随思维和想象，必然促进智力发展，所以自古以来都把"心灵"和"手巧"连在一起，相互促进。

一个从小就愿意承担家务的孩子，一般都能养成勤劳的习惯，这对孩子日后的成功是非常重要的。

回想起我的童年，家务劳动是不可避免的。小时候用餐后，每个孩子必须把自己的餐具清洗干净，然后最后吃完的那个孩子就负责洗桌面上剩余的碗盘。我常常因为吃得慢，便成了那个洗碗最多的家伙。对此，我倒也安之若素，从来没有觉得什么不妥，洗碗时还常常哼着歌。擦皮鞋、洗衣服、做饭、擦窗户、拖地、叠衣服……这些事我都做过。我最喜欢的事就是收拾衣柜，每隔一段时间就会主动收纳一番。

朱德在回忆母亲时曾深情地说道："我应该感谢母亲，她给了我与困难做斗争的经验。我在家庭生活中已经饱尝艰苦，这使我在以后的生活中再也没有感到过困难，没有被困难吓倒。母亲又给了我一个强健的身体，一个勤劳的习惯，使我从来没有感到过劳累。"

教孩子做家务和智力开发、品德教育一样，必须进行早期培养。父母应该为孩子提供与其年龄相符的家庭任务，给孩子独立处理问题的机会。最开始可以是一些简单工作，比如饭前摆放碗筷，整理鞋子，将准备清洗的衣物放进洗衣筐，将用好的毛巾、牙刷放好，清理自己吃完饭后的桌面等。这些对孩子来说都不是难事，妈妈可以放手让孩子学习，这能够令孩子在潜移默化中产生责任感。

培养孩子喜欢做家务并不难，孩子天生的猎奇心理使他对所有需要动手的事都跃跃欲试。

一位教育专家总结道，孩子感兴趣的家务劳动常有以下几种：

帮助父母安装或修理一些旧东西。在整个过程中，所学到的技能与阅读、数学、逻辑、信息和任务的组织能力有关。

帮助父母换掉水龙头中用旧的垫子、更换保险丝、安装挡风窗户、修补破损的楼梯。在做这些工作时，父母往往把自己的一些生活技巧教给孩子，还可以与之在劳动中讲一些所运用到的物理学基本原理。

打扫卫生、整理花园或庭院、洗衣缝补等。

父母应该培养孩子的劳动兴趣。教给孩子劳动程序，先易后难。正确的程序会使孩子感到做家务并不难，从而巩固劳动热情。检查孩子的完成情况，然后向做家务的孩子道谢。

祥祥觉得妈妈拖地很好玩，便对妈妈说："妈妈，我来帮你拖吧！"

妈妈觉得该让儿子尝试着做些家务了，便笑着对他说："你真是个有爱心的好孩子。来，你拖吧，不过要小心点呀！"

祥祥很高兴地拖起地来，虽然他很用力，但很多地方却还是没有拖干净。妈妈这时走过来，对他说："妈妈忘记告诉你了，拖布要多用水冲洗一下，然后才能把地拖得更干净。"

祥祥按着妈妈教他的方法，多用水冲洗了几次拖布，果然地板变得特别干净了。这时，妈妈仍然不忘鼓励这个像打了胜仗一般的小英雄："我们家祥祥真的长大了，看，地拖得多干净呀！"因为妈妈的鼓励，祥祥经常会帮妈妈拖地。

做家务事除了能培养孩子对他人的责任感之外，还能养成他们的生活技能。通过从小教给孩子负责任的习惯，他们长大以后便可以面对更加复杂的挑战。

规定孩子自理家务的责任需要家长的决心和坚决执行。可以用赞美和热情来强化孩子的这个好习惯，比如说"你真是好帮手啊!""谢谢你帮妈妈这么大的忙!""你做得真细心，我好为你骄傲!""你真的很懂整理衣物!""你把花照料得很好，它们一定很感谢你呢!""你把鞋子擦得锃亮，都可以当镜子啦!""你真的长大了，盘子碎片打扫得真干净!"……

当孩子最初的新鲜感过去了怎么办?

如果我们一直必须以高轻强度的赞美来激励孩子做家务活，最后大家都会很疲惫。因为我们仿佛在暗示"家务活没什么太大价值"，需要不停地激励，甚至以金钱做诱饵，家长们似乎在通过不断取悦孩子来赢得合作。

教育家苏霍姆林斯基曾告诫妈妈们:"不要把孩子保护起来而不让他们劳动，也不要怕孩子的双手会磨出硬茧，要让孩子知道，面包来之不易。这种劳动对孩子来说是真正的欢乐。通过劳动，不仅可以认识世界，而且可以更好地了解自己。"

假如每项细小的动作都是伟大工作的一部分，刷牙的意义就和之前不同了。照料自己，照料家人并不只是某个家庭成员的责任，而是所有家庭成员共同的责任，其意义比家务事本身更重大。所以，妈妈完全可以消除自己的内疚和内心矛盾，自信地为孩子分配工作。

家庭是成熟责任感的小型社会实验室，我们把生活的社区看成是一个大家庭，并为他人提供慈善或服务。每当看到自己家务活的劳动成果，很少有哪个孩子不为自己的努力而感到自豪。

一般来讲，儿童先会从自理项目入手，这包括大小便、自己穿衣服和吃饭。2~6岁的孩子可以自己穿衣服、叠衣服、洗袜子、浇花、擦桌子、把洗好的衣物按不同类别分类、洗手和刷牙、收好自己的玩具、整理床铺、把脏衣服放到洗衣篮里……接下来的阶段就是照料家人和家事，如帮忙收拾餐桌、摆碗筷、洗碗、擦玻璃以及协助爸爸维修电器等，为家庭这艘轮船的平稳航行做出更多贡献，甚至可以学会烧菜、洗衣服、洗车。我的邻居，一个 6 岁的小男孩，就会做拿手的蛋炒饭，元元 5 岁时，还曾被派去独自到面馆买面条打包回家呢。

当孩子有自己动手的意愿时，妈妈应该鼓励孩子的主动性，并尊重他们的意愿。如果总是不让孩子动手，就会使他们失去锻炼自己的机会，从而变得依赖和懒惰。

★妈妈箴言

教孩子做家务和智力开发、品德教育一样，必须进行早期培养。父母应该为孩子提供与其年龄相符的家庭任务，给孩子独立处理问题的机会。

每当看到自己家务活的劳动成果，很少有哪个孩子不为自己的努力而感到自豪。

让孩子意识到，家务活本身就是一个礼物。

一般的孩子即使到了 15 岁，也不会对各种事总是认真负责。

孩子感觉自己有能力去做好某件事，就会果断地去做。当孩子第一次萌发自己做事的兴趣时，做父母的一定要好好保护它，让孩子以此为乐。

在孩子眼中，做家务和玩弄积木一样，都是玩乐，只是如何引导孩子享受这种玩乐，需要妈妈的智慧。

自尊，自知，自制，只有这三者才能把生活引向最尊贵的王国。

——【英】丁尼生

培养孩子果断独立地做事

　　妈妈能够给予孩子的最好的礼物，是责任之根与独立之翼。

　　不到3岁的小比特已经会自己洗澡了，母亲帮他把热水弄好，把衣服脱掉，小比特自己爬到了澡盆里。玩了一会儿，他就自己往身上抹肥皂，妈妈问他用不用帮忙，他认真地摇了摇头，说"不用"。抹完肥皂，又用毛巾擦，最后用水冲干净，爬出了澡盆。

　　两岁多的孩子能自己洗澡，大部分中国父母们是不会认同的。孩子还小，怎么能够让他自己洗澡呢？再说，万一出意外怎么办？是啊，因为怕意外，我们包办了所有看起来存在危险的事情，殊不知这对孩子的一生是极为不利的。

　　我的做法是，让孩子自己刷牙、洗脸、洗澡，然后再检查一遍。比如孩子刷完牙再帮他刷一下他容易忽略的地方，洗澡时他自己完成后再给他冲洗一遍，这样就没什么可担心的了。

　　小狐狸长到一定时候，不管怎样哀求，狐狸妈妈都会坚决地把它们推出自己的怀抱，让它们独立闯荡。因为狐狸妈妈知道，妈妈是不可能保护孩子一生的。一个真正疼爱孩子的妈妈，应该像狐狸妈妈一样，关注的是孩子将来是否能自己应付外面的世界。将一个在慈母庇护下毫无自我生存能力的青年推入未来的社会是最为残忍的事，也是每一个爱孩子的妈妈不忍看到的。

爱孩子，就不要替孩子做他们可以去做的事情，让孩子学习该学习的，经历该经历的，才是对孩子真正的爱。不要怕孩子摔着、碰着、饿着、累着，孩子摔倒了鼓励他自己爬起来，孩子自己能解决的问题，如要玩具自己去拿，衣服、裤子自己穿。在家庭生活中，要让孩子去做一些力所能及的事，切不可把孩子成长过程中的困难都解决掉，把他们前进的障碍清除得干干净净。

鼓励孩子大胆尝试是多么重要。孩子们在尝试一件新事物时，总会有些害怕的心理，这时如果妈妈出于保护孩子而阻止了孩子的尝试，那么孩子想要尝试的微弱愿望很快就会被破灭，孩子以后也不会有主动尝试的意愿。

一位朋友曾向我抱怨，他的一个在单亲家庭成长起来的下属，管理起来极为棘手。这位外表高大的男孩，因为妈妈从小大包大揽，内心脆弱敏感，动辄以"从小和妈妈相依为命"引人同情，遇事极爱推卸责任，向单位请假都要妈妈给上司代发短信。

如果妈妈替孩子做所有不该做的事，在这样的抚养下成长起来的青年，会渐渐丧失了自信和勇气，也使他感到不安全，因为安全感是建立在能够用自己的能力去对付处理问题的基础上的。父母这种自以为无私的行为，剥夺了孩子发展自己能力的权利，但这恰恰是孩子成长最珍贵的要素。

因此，但凡孩子能独立完成的事就不要替他去做，就好像要让孩子学会走路，你得先放开手一样，当然，一旦决定放手了，就要坚持下去，不要看到孩子做不好事情就又去插手。

信任是父母帮孩子踏上独立的第一步。如果父母总是对孩子说："去做吧，我相信你能行！""你绝对能够安排好时间！""我就知道你会把自己的房间收拾整洁的。"这种信任使孩子的内心感到非常愉悦，他的能力得到了父母的肯定，他的自信就会树立起来，他与父母的关系就会更加融洽。

爱固然重要，但教会孩子如何做人更重要。妈妈能够给予孩子的最好的礼物，是责任之根与独立之翼。作为妈妈，要让孩子从小明白，责任就是一种诚信，反映着一个人的品质，只有敢于负责任的人，将来在社会上才是成熟可敬的人。

⭐ **妈妈箴言**

孩子的安全感是建立在能够用自己的能力去对付处理问题的基础上的。

一旦决定放手了，就要坚持下去，不要看到孩子做不好事情就又去插手。

让孩子从小明白，责任就是一种诚信，只有敢于负责任的人，将来在社会上才是成熟可敬的人。

真诚的鼓励是能够打动孩子的，孩子为了不让妈妈失望，下次做事就会有意识地提醒自己快点。

教育就是帮助学生学会自己思考，做出独立判断，并作为一个负责的公民参加工作。
——【美】赫钦斯

趁早教会孩子必要的技能

父母应该随时留心观察孩子，看看他做事是否有秩序，是否知道先做什么，然后再做什么。

分清事情的轻重缓急、做事有条理，东西用完后归位……父母在生活中的言传身教，可以让孩子学会更多基本技能。

比如，怎样穿衣服才能穿得更快？怎样洗漱才能不浪费时间？怎样整理玩具才能取用方便？吃饭时不能看动画片，放学回家不能边走边玩……另外，对一些动手能力较差的孩子，父母还应当增加些有针对性的特殊训练，以提高孩子的动手能力，从而节省孩子做事的时间。

从小就应该让孩子养成玩耍完毕将玩具擦干净、清点好、整理好、归好位的习惯，并把这作为游戏的一个组成部分。我会教孩子，积木放在大桶里，小汽车进车库，毛绒玩具回自己家（床下抽屉），皮球进到竹篮子里，所有兵器回大箱子里过夜。到了4～5岁，他就会养成放好东西的习惯，但有时他需要帮忙，我就和气地同他一起把东西放好。如果你对一个只有3岁的孩子说："把东西放好。"虽然他会不高兴地去干，却没有兴致把事情干完，有时干脆他就跑掉了或者磨洋工……因为3岁不是一个爱干活的年龄。不妨高高兴兴帮孩子把东西放好，例如告诉他妈妈负责收拾积木，宝宝负责收拾小汽车，让他感觉大家一起玩就一起收，这样很公平。逐渐培养孩子的理性，加强他的责任感。

在孩子大一些的时候，可以教他分解复杂任务，把一个大的目标分解成一个个小目标，再逐渐完成。

1. 自己的事情自己做。自己的书包、书籍、玩具等物品自己整理，自己的房间自己打扫，自己的被褥自己收拾，孩子应该对要帮忙的父母说："这是我自己的事情，我自己来做吧。"

自己的事情自己做还包括要在家里设立自己的劳动岗位，如洗碗、扫地、拖地板、取牛奶、取报纸等。即使父母为了让孩子多一点时间学习，对孩子说："你去念书吧，家里的活不用你干！"孩子也应该坚持说："我是家里的一员，干家务也有我的一份责任！"

2. 妈妈要放手让孩子去做力所能及的事。孩子的特点是好奇好动的，一般都愿意参加一些活动。家长要尽早让孩子练习一些基本生活技能，如穿衣、穿鞋、擦桌子，独立完成一些简单的事情。凡是孩子能够做到的，家长尽量不插手，给孩子足够的时间去思考、尝试，发现自己的能力。孩子感觉自己有能力去做好某件事，就会果断地去做。

3. 创造机会，鼓励孩子下决心。一个人在做出一个决定之前，需要考虑利弊得失。家长应在一定范围内给孩子充分自主的机会，让孩子有自我决策和选择的权利，凭自己的思考、能力去决定做什么事，如何做。

4. 正确评价孩子做的事。对孩子要求不要过高，要多鼓励、少批评。对竭尽全力也没做好的事，家长要给予理解，告诉孩子："没关系，以后再慢慢努力。妈妈小时候也常常这样。"家长正确的评价，可减轻孩子的心理压力，下次做事，他会再一次鼓起勇气去拿定主意。

5. 给予孩子必要的帮助。对于较难做的事，妈妈应同孩子一起去做，并给予适当帮助，教孩子逐步学会一些克服困难的方法和技巧。孩子有了成功的经验，就会增强自信，做事果断。

6. 尽量让孩子明白如何做事。含糊不清、笼统会使孩子感到无从下手，拿不定主意。另外，家长还可通过一些培养机敏、果断的体育、智力游戏来有意识地培养孩子的果断性。

很多人认为只有在某一个年龄段，孩子才能做某一种事情。美国父母从来不这样认为，更看重的是孩子幼小的心灵中建立起的自立自主意识，鼓励孩子从小做一些他想做的事。同时，从不娇纵孩子，不主动替孩子做事，其目的之一就是培养孩子从"要我干"到"我要干"的转变，增强他们独立做事的能力。

日本著名插图画家真锅博先生认为，父母应该鼓励孩子去尝试他们从未接触过的事，以增强孩子的社会适应能力。为此，他曾独创了"一人旅行教育"等独特的适应性教养方法，让孩子接触从不知晓的事物，不仅可以丰富孩子的体验和知识，而且还能借此机会培养孩子的持久力、忍耐力和适应力。让孩子去做从未接触过的事情，所代表的意义是非常深远的。譬如要打电报到国外，就对孩子说："到邮局打个电报到美国！"然后告诉孩子最基本的指示，以及收报者和电报的内容，但并不告诉他需要什么手续，只建议他："如果有不知道的地方，可以询问邮局里穿制服的人。"这种建议的给予方式，是真锅博先生独创的。把过程说得太详细，新的体验就不新鲜了。

7. 让孩子分清事情的轻重缓急。有的孩子做事杂乱无章，随意挑一件事就干，这样会把最重要的事给忽略了。所以，要让孩子学会分清事物的轻重缓急，并且在完成一件事之后，再着手处理另一件。同时，集中优势也是很必要的。要让孩子养成这样的习惯：一次只集中应付一个问题，直到处理完为止。

8. 把任务化大为小。一个人想写一本 200 页的书稿，每天写一页，不到七个月他就可完成。想一下做完，他只能被目标本身吓倒。有了艰巨的任务，第一步要分解它，化成一系列小任务，再一个接一个地完成。

9. 从小事培养孩子战胜惰性。平时教育孩子起居、走路、吃饭、整理内务都要快速完成，决不磨蹭。在这方面，可让孩子借鉴我国著名京剧演员郝寿臣的一套克服惰性的方法。他在床头贴了一个条幅——睁眼就起。每天一早，无论多困，只要一睁眼，他便一骨碌爬起来，匆匆洗漱。待坐到桌边，又一个条幅映入眼帘——赶快吊嗓。于是他又抓紧练功，开始一天紧张的生活。父母可以用这种方法来训练孩子做事不拖拉，让孩子立即行动起来。

遇事拖拉的人，久而久之就会懒散成性，以致在生活中失去很多良机，从而一事无成。放弃时间的人，时间也放弃他。

在凡尔纳四十多年的写作生涯中，他记了上万册笔记，写了 104 部科幻小说，共有七八百万字，真的是让人难以相信！

一天 24 小时，我们每一个人都用它投资来经营自己的生命。有的人很会经营，一分钟变成两分钟，一小时变成两小时，一天变成两天……他用上天赐予的时间做了很多的事最终换来了成功。

如果你经常对孩子说："你如果再快一点儿就更出色了"、"真好，现在用不着老提醒你了"，孩子便会受到正面的刺激，而这些真诚的鼓励是能够打动孩子的。

10. 教会孩子必要的技能。父母必须教会他们一些基本的技能，比如怎样穿衣服才能穿得更快，怎样洗漱才能不浪费时间，怎样整理玩具才能取用方便，学习用品摆放要分门归类，先复习后作业可以节约时间，早晨醒来之后不能再恋被窝，吃饭时不能看动画片。另外，对一些动手能力较差的孩子，父母还应当增加些有针对性的特殊训练，以提高孩子的动手能力，从而节省孩子做事的时间。

约翰的儿子杰克就是这样长大的，如今，他不但会照顾自己的起居生活，还会修理家里的水管、电器，甚至连修汽车也能说个头头是道。

杰克两岁时就开始学习洗碗、扫地这样的家务，像烧水这样比较危险的家务，约翰也照教不误。

杰克第一次学烧水时才 4 岁，约翰把一块手巾垫在手里，把水壶拿了下来，然后让杰克照着做，告诉他水开时水汽会把水壶的把柄蒸烫，所以要垫上毛巾才能拿；水很热，要注意，不能让水壶倾倒下来。第一次尝试时，约翰把壶里的水换成温水，不过杰克还是把半壶水倒在身上。

"这是因为你的力气不够，"约翰说，"你需要用两只手。"

说完，约翰又为他换了壶温水。

"不，爸爸，我再也不拿水壶了，"杰克胆怯地后退着，"我知道，这很危险，我再也不碰了。"

"你一定要再试试，你有这个能力。"约翰鼓励他，"用我教你的方法，你一定行的。"

在约翰的指点下，杰克又试了一次。这次，他安全地把水壶取了下来。

11. 培养孩子做事有条理。父母应该随时留心观察孩子，看看他做事是否有秩序，是否知道先做什么，再做什么。通过观察，如果发现孩子这方面能力较差，应立即给他指出来，并告诉他无论做什么事都要按步骤完成，做完一件事再做另一件事。如果有许多事情要做，必须让孩子先安排好顺序。一次次地强化，久而久之，就会让孩子养成做事有条理的习惯。

★妈妈箴言

孩子的特点是好奇好动的，一般都愿意参加一些活动。家长要尽早让孩子练习一些基本生活技能。

培养孩子从"要我干"到"我要干"的转变，增强他们独立做事的能力。

告诉他无论做什么事都要按步骤完成，做完一件事再做另一件事。如果有许多事情要做，必须让孩子先安排好顺序。

从小就应该让孩子养成玩耍完毕将玩具擦干净、清点好、整理好、归好位的习惯，并把这作为游戏的一个组成部分。

待客之道，社交之道

如果孩子平时好强，要告诉孩子与小伙伴玩时要谦和、忍让；如果孩子较胆小，要鼓励孩子不要害怕。

当一个两岁的孩子家里来了陌生人，他的心理状态和成人是完全不同的。他们通常站在近处凝视，或一本正经地把某样东西交给陌生人，然后再收回；或把能搬来的玩具都拿来放在那人面前。

小婴儿骨子里应该都是好客的吧。元元小时候，每当家里来了客人，他不会听话地去问好，但过了一会儿，就会兴奋起来，把自己的本事——尖叫、打滚、双脚跳、匍匐前进、递水果全都表演一遍，把所有能搬动的东西都搬到客人面前。

孩子的天性使他对陌生人存有戒心。要创造机会慢慢地让孩子与周围的人交朋友。许多成年人在孩子正在打量他们时偏去打扰他，他们跑到孩子面前说好多话，于是孩子就只能退到家长那去寻求保护。这样，孩子将需要更长的时间来鼓起勇气与人接近了。家长应该一开始就提醒来访的客人，如果进门就对孩子注意的话，他会害羞的，要是先和大人聊一会儿，孩子就会主动来与你交朋友了。

我的一个同学的孩子，小时候住的楼房后面正巧是一条商业街，孩子整天泡在五金店、杂货铺、电器行里，见得多了，自然从来没有"怕生"这一说。我还有个朋友，父亲是人事科长，家里经常有前来谈事的职工，父亲人很正派、阳光，善解人意。受此影响，他在人际交往中如鱼得水，擅长和各种人打交道，而且做得非常自然。当然，孩子怎样进行社会性交往是一个更复杂的话题了。

当孩子会走路时，就得多给他们一些机会去熟悉陌生人，遇到陌生人问路一类的情况，父母要大方地回应，自然地交谈，这样，孩子也会观察到，学习自己将来怎样做。孩子的自立和成熟，是一个渐进的过程，需要提供许多实践的机会，让孩子参与做客、待客活动，是一种很好的途径。

在孩子的眼中，客人与朝夕相处的父母相比，总会有很多不同的地方，有新鲜感。一般说来，客人的气质与风度、兴趣和爱好、言谈举止都会引起孩子的注意。

妈妈在带孩子外出之前，首先应该告诉孩子要到哪里去，将会见到什么人，教他一些礼貌用语和礼节。比如：见到主人要大大方方地问好；要礼貌地回答人家提出的问题；别人给自己东西吃或给自己玩具时要说谢谢；不经主人允许不要随便动人家的东西；大人说话的时候不要吵闹或干扰；不经妈妈允许不能接受礼物等等。让孩子懂得这些基本礼仪，孩子就会很容易受到别人的喜欢。

还要指出孩子之间玩耍时的注意点，小客人一定要尊重小主人的意见，要多用商量、征求的口吻，如"好不好？""可以吗？""我能玩一会儿吗？"等。并可根据自己孩子的个性特征给予重点强调要求，如果孩子平时好强，要告诉孩子与小伙伴玩时要谦和、忍让；如果孩子较胆小，家长要鼓励孩子不要害怕，如"大哥哥很喜欢你，我相信你会和他玩得很开心"。

妈妈发现 5 岁的儿子在接受他人礼物时没有反应，就微笑地对孩子说："贝贝，你好像忘记说什么了？"贝贝显然还没有意识到自己应该说什么，这时，妈妈对客人说："谢谢您送礼物给贝贝，我代贝贝谢谢您！"

贝贝听了妈妈的话，意识到自己的疏漏，于是很不好意思地说：

"谢谢阿姨!"接着,贝贝又在妈妈的示意下,给客人端上果盘:"阿姨,请吃水果。"俨然一个成熟有礼的小绅士。

客人来了,有的孩子非常兴奋,有的孩子则对客人态度冷漠,表示不欢迎,或者躲在一旁,客人跟他讲话,表现拘谨、胆小,态度不自然。如何才算得体地招待了客人,这就需要妈妈给孩子以细致的指点。

妈妈要给孩子讲解待客的规矩,使孩子懂得一定的行为规范。如亲友来访时,听到敲门声要说"请进";见了亲友按称谓主动亲切问好;拿出茶点,热情地招待客人,不应显出不高兴的样子或独自去吃;当妈妈谈话时,小孩不应随便插话,如有要紧的事想说,要问一句:"对不起,妈妈,我可以打断你一下吗?"小客人来,应主动拿出玩具与小客人玩;共同进餐的人未完全入席前不得动餐具自己先吃;客人离开时要说"再见",并欢迎客人再来。

在客人来之前,妈妈应告诉孩子,何时何人要来了,他来干什么,他与父母的关系,该如何称呼,让孩子在心理上有个准备。并让孩子参与做一些接待客人的准备工作,如准备一些饮料、糖果、点心,或为小客人准备玩具、图书。与孩子共同创造一种迎接客人来到的气氛。

有来有往,是社会交往之道,和妈妈一起到亲朋好友家做客,对于小孩子,也是一种新的体验。

孩子到亲朋好友家做客,刚刚来到一个新奇陌生的环境,可能会有很大的好奇心,加上主人对自己的热情招待,就有点"放开"了,让大人很没面子。这时,如果妈妈当着客人的面大声训斥孩子,孩子不但不听,甚至会故意大哭大闹,弄得大家都很尴尬。因此,要使孩子在别人面前变得听话、懂礼貌,妈妈就必须在做客前和做客中对孩子做一些相应的指导,并且在做客后及时对孩子的表现做出评价。

对孩子在做客时与小伙伴相处时的表现要及时地评价,明辨哪些行为是好的,加以肯定;哪些行为不应该,指出为什么,今后应该怎么做,让孩子有改进的方向。

最好在假日或是周末抽出一点时间，邀请孩子的几位好友来家中做客，为他们准备生日派对或睡衣派对，并提供一些简单的零食，让孩子和朋友们痛快地玩一晚上，为孩子制造与朋友们亲近的机会，让他们在彼此间留下难忘的回忆。

有必要适当减少孩子的玩具数量。此外，在孩子生日那天为他准备生日派对，并邀请他的朋友参加，或是另行安排时间与孩子的朋友及其家人一同出去郊游，也能够自然地为孩子创造与同龄儿童接触的机会。

周末邀请孩子的朋友及妈妈一起外出郊游，也是一个很好的方法。这样，不仅孩子之间能够拉近距离，妈妈们也能够借此相互交流育儿经验，各自找到归属感，并进一步加深感情。

★妈妈箴言

　　孩子的自立和成熟，是一个渐进的过程，需要提供许多实践的机会。做客待客就是很好的机会。

　　对孩子在做客时与小伙伴相处时的表现要及时评价。

要想使人成为真正有教养的人，必须具备三个品质：渊博的知识，思维的习惯和高尚的情操。知识不多就愚昧；不习惯于思维，就是粗鲁或愚笨；没有高尚的情操，就是卑俗。

——【前苏联】车尔尼雪夫斯基

主动对陌生人打招呼

孩子如果生活在家庭成员互相关怀的家庭中，他们就会懂得仁爱。会自然、真心地说"谢谢"。

有一次，我在看韩剧，元元跟着凑热闹，告诉我他喜欢剧中男主角，因为"他很文明"。韩剧里总有放大韩国文化和传统美德的习惯，在礼数上令人印象深刻，没想到对小孩子都有如此震撼的影响力。也可以看出，孩子天然喜欢文雅有礼的形象，能够感受到那是一种美。

在没有刻意逼迫的情境下，只要孩子一直处于有礼貌的家庭氛围中，到了三四岁时，就会很自然地表现得文明有礼了。当元元爸爸纳闷"这个孩子怎么从不叫人呢"的声音还回响在耳边，元元已经很自然地做到每天向老师高高兴兴地问候；用中英文随时说"谢谢"、"不客气"；跟送来饺子的邻居说"麻烦您啦"……

孩子如果生活在家庭成员互相关怀的家庭中，他们就会懂得仁爱，会自然、真心地说"谢谢"，因为家人都这样说。

我一直在家中要求孩子说"谢谢"、"请"，提醒他这个世界不是他"想要什么就有什么"，尽管父母给孩子们做饭，买东西，给他们所需要的，但是小家伙们必须负担起一些态度上的义务来作为回报。必须教会孩子们懂得感激，这一教育是从基本的礼貌开始的。

　　教导孩子的行为符合社会规范是一项艰巨的工作，这源自于我们和孩子在需求上的矛盾。成人需要的是外表整洁、讲秩序、懂礼貌、按流程办事。孩子可不在意这些。有多少孩子会自觉自愿地去洗澡？有多少孩子主动去说"请"或者"谢谢"？有许多孩子甚至根本不愿意穿内衣。家长花很多精力调教孩子，让他们的行为符合规范。但是，我们的态度越强烈，他们越是反抗。

　　礼貌和关心他人、关心集体都是一种社会公德。大家都喜欢彬彬有礼的孩子，不喜欢粗鲁无礼的孩子。父母有责任使孩子成为讨人喜欢的人，但教孩子懂礼貌要尊重孩子的心理活动。妈妈要是违背小孩子的身心发展规律，硬性要求一个两岁的孩子问安，他会发窘。而且以后每当大人和别人打招呼时，他就会感到紧张。

　　3岁的孩子通常可以与陌生人打招呼了，但要先给他一段适应的时间。根据儿童心理，教孩子学礼貌时，不要有外人在场，孩子会因此不好意思。每当见到陌生人时，先不要把话题引到孩子身上。当孩子看到大人相谈甚欢，自然就插话了。这样孩子就慢慢学会了和陌生人交朋友，而他人的赏识又使得孩子变得更友善。

★ 妈妈箴言

　　孩子天然喜欢文雅有礼的形象，能够感受到那是一种美。他人对孩子的赏识又使得孩子变得更友善。

　　要是违背小孩子的身心发展规律，硬性要求一个两岁的孩子问安，他会发窘。而且以后每当大人和别人打招呼时，他就会感到紧张。

　　在没有刻意逼迫的情境下，只要氛围是对的，孩子到了三四岁时，就会很自然地表现得文明有礼了。

　　遇到陌生人问路一类的情况，妈妈要大方地回应，自然地交谈，这样，孩子也会观察到，学习到自己将来怎么做。

运用游戏力，发展交际力

学会以游戏的态度去竞争，以竞争的态度去游戏，这样一来，赢者不会狂妄自得，而输者也不会沮丧莫名。

同伴对指导或训练儿童掌握社会交往技能，有很强的辅助作用。因为这种技能儿童是无法在成年人那里学到的。孩子间的交往首先开始于共同的游戏活动。

妈妈在孩子很小的时候，就应该让他和别的孩子一起游戏玩耍，允许并支持孩子把同伴领回家来，一起玩玩具、看图书、做游戏。在玩玩笑笑、打打闹闹中，获得与同伴交往的乐趣，才能形成乐于与同伴交往的活泼开朗的性格。

我有个朋友，孩子三岁半，每次一起玩，不是他把别人弄伤几个，就是自己弄得伤痕累累。原因就是妈妈工作太忙，孩子是爸爸主要负责带，爸爸大男子主义意识比较浓，很少带孩子去小区花园活动，宁愿让他自己看电视，电视题材又是按照爸爸自己的喜好设定。这位爸爸是搞武器研究的，给孩子放的基本上都是战争、武器题材，孩子看电视时，他便忙着自己的事，也缺乏讲解引导，弄得孩子暴力倾向严重，嘴里除了"打死！""消灭！"几乎没别的词。

孩子一起游戏时，发生冲突是难免的，特别是男孩子。育儿专家小巫曾这样分析儿童的进攻性行为：儿童在交往时，通常会两个或者多个孩子在一起用身体冲撞、扭打、摔跤，在这种游玩当中，孩子们体验自己的力量，发现自身的强度和限度，增强自信心，并且发展友谊。

一个人，身体感觉越猛烈，情感的反应越强烈，情绪的发展也越健康。人类大脑的发育，首先发育的是感官，是各种生理感觉，尤其是触觉的发展。身体接触帮助儿童接触自己的情绪，体验、感受自己的情感。

扭打碰撞对于男孩子来说至关重要，因为男性大脑的发育、荷尔蒙的分泌，需要身体方面的冲撞接触。可以这样说，离开了扭打，男孩子的大脑就不会正常发育。另外，男性对感情的表达和抒发，与女性大相径庭，他们互相之间根本不会通过温柔的抚摸和甜蜜的话语来表示友好，一个美国妈妈这样说："男孩子是用扭打、推搡、碰撞来表达温情的。"

尽管如此，过多的冲突总是不快的。妈妈有责任让孩子认识到什么行为是不被允许的。在家里给孩子应有的训练，会有助于他在外的表现。通常情况下，孩子会在观察妈妈与别人交往的过程中学到不少东西。所以，妈妈多多交往，在交往中有意识地示范，对孩子有潜移默化的影响，在熟悉的环境中孩子会比较放松，看着妈妈自如的样子，也会逐步产生自信。在一个环境中，妈妈更能够观察到周遭的一切，可以更有效率地帮助孩子找到玩伴。

有一次，我带元元下楼，时间早了点，他的好朋友都不在，元元有些扫兴。我看见草地有条浇水的管子，于是鼓励他说，自己也可以玩得很好，你看看草地上有什么？元元高高兴兴跟踪管子去了。

过了一会，我发现有个和他年纪相仿，但不认识的孩子。就告诉他：那个小男孩和你差不多大，你可以去找他玩。此时，那个孩子正在玩滑梯，想直接从梯子底部冲上去，几次都没有成功。这可是元元的强项啊。元元看了一会儿，马上自信地飞奔过去示范，两个孩子在滑梯上聊开了。

“你几岁？”元元问。

“我差六天满6岁。”小男孩答。

“我五岁半，你怎么比我大还爬不上滑梯啊？”元元笑眯眯地说。

于是，两个孩子高高兴兴地玩起来了。

妈妈要教给孩子具体的社交方法。当孩子与别人争抢玩具时，妈妈要耐心引导，陪孩子一同想出更好的办法，学会说服别人与自己分享玩具；当孩子想要加入其他人的游戏时，可以教导孩子友好地向别人发问：“我可以参加你们的游戏吗？”“我想和你们一起玩，可不可以？”“交个朋友，好么？”尤其是让孩子学会以他人能接受的方法获得想要的东西。

有一次，妈妈领着小光在楼下散步，小光看见几个小朋友在一起玩球，他羡慕地看着那些扔球的孩子，拉拉妈妈的衣角说：“妈妈，我也想扔球玩！”妈妈说：“好呀，你自己去说。”小光怯生生地走到那几个小朋友面前，用小得连自己也听不清的声音说：“我也想扔球！”见别人没有反应，他便跑回到妈妈身边，央告妈妈：“妈妈，你去跟他们说嘛！”

妈妈笑了笑，鼓励孩子：“你会说，这次声音大点。”小光鼓足勇气，又来到小朋友面前：“我想和你们一起扔球玩。”声音比第一次大了点。但是，不知是玩球的孩子没听见，还是玩兴正浓，顾不上搭理他，他的话仍然没有引起反应。小光失望地回到妈妈的身边。在这时，皮球滚了过来，妈妈悄声对小光说：“快去帮助拾球！”孩子会意了，急忙拾起球。跑到孩子们中间，把球还给他们，并大声说：“我和你们一起玩球吧！”“好！”小光的友好举动引起小朋友的好感，他终于凭借自己的力量加入到伙伴的游戏行列中。这跟母亲的放手和鼓励是分不开的。

歌德说：“一个人的礼貌，是一面照出他肖像的镜子。”一个有礼貌的孩子，才会成为一个社会适应性强、易被环境所接受和受众人欢迎的人。

主动地面带微笑向别人问好；常用“您好”“谢谢”“对不起”“打扰了”“不客气”等词语；常用商量的语气与小伙伴说话，如“我能玩你的玩具吗？”“我们一起去玩吧？”“行吗？”“你先玩，我后玩。”“轮流玩好吗?"能主动热情地接受小伙伴参与游戏，分享自己的玩具和食品。这样使孩子克服以自我为中心，在与人交往中待人热情主动，逐步学会与人交往，学会交朋友。

如果孩子被小朋友不友好地攻击，妈妈可以教孩子说"我不喜欢你这样!""你弄疼我了。""我不喜欢听这种话。""你的话让我很不舒服。"提醒对方注意。这种对自己感受的表达是健康的，没有什么应当隐讳的。孩子应被教会怎样正确地表达不满，只有如此，才不会让灰暗的情感埋藏进内心深处，在里面发酵、变质，造出古怪的性情来。如果我们去读读一些名家所著的心理读物，便可以看到一幕幕成人悲剧正是由童年期深藏不露的情感伤害积累酿成。如果对方还是执意攻击，可以把孩子拉开，"看那边，他们在玩捉迷藏!"把孩子暂时引到别的活动中去。

孩子在游戏中会体验到竞争。一起游戏就是最原始的竞争，孩子从中感受到的规则意识、竞争意识、合作意识，已经为他将来的生活做了铺垫。

竞争也是人与人交流的一种方式。竞争可以让两个原本不那么熟悉的孩子迅速熟悉起来，变成朋友或暗自关心的对手，对对方的一举一动都特别地留心和敏感起来。有些好胜心切的孩子会跟对方下"挑战书"，包括，"我画画一定要画过你";"我拍球要比你多拍五个。"接受挑战的孩子也在暗自努力。在此过程中，孩子们的能力在交叉上升，而赢者会向输者"暗授秘籍"，这种竞争中形成的友善关系，会帮助孩子们正确看待成长过程中必有的竞争关系，并且慢慢琢磨出如何在竞争环境中使自己成为"受欢迎的人"，如何让自己变得愉快。

参与竞争的意义之一，就是学会有风度地接受失败，并且诚心实意地祝福对手。告诉孩子，在竞争中得到胜利固然值得骄傲，但和同伴之间团结协作的精神，更是现代生活中不可或缺的品质。

在0～3岁这个年龄阶段，大道理孩子是理解不了的，让他体会到在游戏中和伙伴玩耍的乐趣就可以了。对于喜欢争强好胜的孩子，不要有意识地煽动孩子的好胜心，让家庭生活的每个环节，包括吃饭、穿衣、锻炼，都成为你追我赶的大比拼，甚至每天都以胜败论犒赏，这样就会增加孩子的压力，会让孩子产生这样一种伤心的错觉：妈妈的爱，与我的竞赛结果有关。这样的孩子未来有可能满足于单枪匹马逞能，而不是与他人密切协作。

孩子的竞争无需功利，"团队赢出"比"个人赢出"将给孩子带来更持久的快乐，妈妈应多创造条件让孩子与其他孩子合作游戏，创造"让我们一起赢"的氛围。当孩子习惯了协作搭积木、过家家之后，多少会学会以游戏的态度去竞争，以竞争的态度去游戏，这样一来，赢者不会狂妄自得，而输者也不会沮丧莫名。

⭐ 妈妈箴言

孩子间交往首先开始于共同的游戏活动。妈妈要引导孩子礼貌地介入游戏。

一起游戏就是最原始的竞争，孩子从中感受到的规则意识、竞争意识、合作意识，已经为他将来的生活做了铺垫。

鼓励孩子有礼貌地交往，一个文明懂礼的人，社会适应性更强，更易被环境所接受和受众人欢迎。

孩子一起游戏时，发生冲突是难免的。

如果孩子被小朋友不友好地攻击，妈妈可以教孩子说"我不喜欢你这样！""你弄疼我了。""我不喜欢听这种话。""你的话让我很不舒服。"提醒对方注意。

每当人们不尊重我们时，我们总被深深激怒。然而在内心深处，没有一个人十分尊重自己。

——【美】马克·吐温

学会宽容，让孩子少受伤害

　　帮助孩子学会宽容别人至少有两点好处：宽容可以使对方也勇于面对自己的行为，并学会道歉；宽容可以保护自己，轻松从不愉快的情绪中解脱出来。

　　元元的新书被小琳琳不小心撕掉了半页，元元很生气，不但让同桌赔书，还把这件事告诉了班主任老师。结果，小琳琳被老师批评了一顿。元元说起这件事，还颇有几分得意。

　　我问元元："书撕坏了，元元很心疼吧？""是啊。""元元有不小心弄坏别人东西的时候吗？""有啊，有一次我把乐乐的玩具给弄坏了。""那次你感到害怕了吗？""有点害怕，不过乐乐没有说什么，我们又在一起玩了。""小琳琳撕坏书，也和你弄坏乐乐玩具时一样，会紧张和害怕，如果你体谅到她的心情，说声没关系，一起找老师要来透明胶补上，是不是更好呢？"元元若有所思地点点头。

　　有一个成功学家说过，品德才是沟通的利器。大声喧哗反而难以入耳。

　　追溯前 150 年的早期论著，无一例外地强调"品德为成功之母"，诸如正直、谦虚、朴实、耐心、勇气、公正和一些称得上是金科玉律的品德。当然，其中也包括宽容。

有这样一个故事。在泰国的一个度假村，有一天，工作人员带着很多孩子在广场做游戏，结束后，由于孩子太多，工作人员一时疏忽，将一个孩子留在了广场。等她发现人数不对时，才赶快跑到广场将这个 4 岁的女孩带回来。孩子因为一人在偏远的广场，饱受惊吓，大哭不止。工作人员满脸歉意地安慰着孩子。这时，孩子的妈妈来了，她蹲下来安慰着自己的孩子，并告诉她："已经没事了。那位姐姐因为找不到你而非常难过，她不是故意的，现在你必须亲亲那位姐姐的脸颊，安慰她一下！"只见那位 4 岁的小孩踮起脚尖，亲亲蹲在她身旁的工作人员的脸颊，并且轻轻地告诉她："不要害怕，已经没事了。"

这位妈妈是智慧的，她知道怎样爱孩子以及怎样培养孩子的宽容之心。

一位爸爸和女儿走在路上，被一个莽撞的小伙子骑车撞了一下，小伙子忙不迭地说"对不起"，这位爸爸也回应道"对不起"。女儿很不解，"他都把你撞跌倒了，你怎么还跟他说对不起呢？"爸爸开导女儿说，他撞了我，实际上我也给他带来了麻烦。假如他没撞我，他就不会那么惊慌，也无需对我说"对不起"，因此我对他说"对不起"，也在情理之中。别人无意间伤到了自己，已经说了"对不起"，我们欣然接受，就此了结，并反过来也说声"对不起"，体现的是大度和宽容，这实在是一种美德。有了这种美德，人际关系就好处多了，麻烦少了，心情也会愉快。

某年圣诞节，来华讲学的艾贝乐夫妇与众邻互赠了圣诞卡，心情很好。为了点缀节日气氛，他们又在大门外缀上了风铃与花带，但时隔不久，这些东西都不翼而飞了，于是在门上贴出了这样一份启事："这件圣诞礼物是我们在美国的女儿赠送的，取走的人，愿他能欣赏它，并和我们一起分享圣诞的快乐！"字里行间充满了对人的尊重，尽管对方是令他们不高兴的小偷。

我们生活在人的世界，尊重人实在是最重要和最起码应当做到的。

一个娶了外国女人做太太的中国人写道，"有一次，我们吃完晚饭在客厅坐着看电视，里面播出介绍澳洲的文身和崩克一幕。我看完后情不自禁地说：'恶心。'没想到她严肃而平心静气地对我说：'亲爱的，我已经听你用类似的口吻评价过许多事物了，你应该知道这样讲话是很不礼貌的。他们用这样一种生活方式去生活并没有影响你。你有你的观点，你可以不理解他们，但是你不应该用不礼貌的语言去侮辱人家。别人也有可能不理解你，如果别人说你恶心你高兴吗？'"

孩子从 3 岁开始就会对人进行分类，并且能判断出哪一类人更好一些；到了 5 岁，他们会把一些优良的品德与自己认为好的那类人挂钩。由于孩子长大后面对的世界是多元化的，所以，在对孩子进行教育时，妈妈应尽力帮助他们改变偏见，教会孩子学会宽容。

帮助孩子学会宽容别人至少有两点好处：宽容可以使对方也勇于面对自己的行为，并学会道歉；宽容可以保护自己，可以从不愉快的情绪中解脱出来。因此，宽容是合乎实际的、合乎心理健康的。

孩子的宽容心是非常珍贵的，它主要表现为对别人过错的原谅，对不同观点和行为的包容，这对于孩子个性的健康发展，尤其是情感的健康发展，有着非常重要的意义。

富有宽容心的孩子往往心地善良，性情温和，惹人喜爱；而缺乏宽容心的孩子往往性情怪诞，易走极端，不易与人相处。

孩子的宽容之心最主要的来源就是妈妈，因为孩子最初是从妈妈那里学习待人接物的方式的。妈妈宽容、大度、遇事不斤斤计较，与邻里、同事之间融洽相处，孩子就会学着妈妈的样子变得宽容、向善、乐于与人相处。妈妈可以告诉孩子，对于自己或他人的无心之错，要学会开解，学会原谅，让孩子知道，解决问题的办法除了批评、惩罚外，还有宽容。

当孩子和人发生不愉快时，妈妈不应一味地护着自己的孩子，要让孩子首先反省自己，看看自己有没有错，同时要多体谅别人，站在对方的立场上想一想。要让孩子知道朋友之间是要相互包容的，朋友之间要保持信任和忠诚，这样才能保持更加持久而稳定的友谊。

当然，宽容不是怕人，不是懦弱，不是盲从，不是人云亦云，这一点是必须向孩子讲清楚的。妈妈必须让孩子知道宽容是明辨是非之后对同学、朋友的礼让，而不是对坏人坏事的妥协。对坏人和得寸进尺的人是没有必要宽容的，相反，可以嗤之以鼻或者奋起反击。

⭐ 妈妈箴言

　　追溯前 150 年的早期论著，它们无一例外地强调"品德"为成功之母，诸如：正直、谦虚、朴实、耐心、勇气、公正和一些称得上是金科玉律的品德。当然，其中也包括宽容。

　　宽容是明辨是非之后对同学、朋友的礼让，而不是对坏人坏事的妥协。

　　自尊心是个膨胀的气球，戳上一针就会发出大风暴。

——【法】伏尔泰

轻松分享

分享是轻松自然的，孩子的天性中都有乐于分享的一面。

一个人在生活中需要与人分享自己的痛苦和快乐，没有分享，他的人生就是一种惩罚。

很多父母出于对孩子的爱，把好吃的、好玩的全让给孩子，而孩子也习惯了这样的生活，总是把最大的、最好的抢到自己的手里。孩子之所以不愿与人分享，是因为他觉得，分享就是失去自己所拥有的。妈妈应当让孩子明白，分享其实不是失去，它是一种互利，好东西与大家分享，就可以获得共同的快乐。

在我们家，一份食物一定要分为四份，元元、爸爸、妈妈、阿姨，每个人都要尝到。哪怕是很少的食物，也要如此。我要求元元给大家派发食物时，除非有什么特殊原因，每个人都要大方地接受，微笑着道谢。分享是轻松自然的，最忌讳的就是大人逗弄着孩子分享食物，孩子送过来后又忙不迭地说"我不要，是逗你呢，看你大方不大方"，这会把孩子的价值观弄糊涂，无法建立正常的分享意识。

乐于与人分享的孩子，在待人接物中，往往显得比较大度、得体、有礼貌，他们的社会适应性更好，更愿意付出。相反，喜欢"吃独食"的孩子，在待人接物中，往往比较小气、计较、顾虑重重，通常不愿意主动付出，做什么事情喜欢讲条件、讲好处，更容易出现社交问题。

爱，和思想一样，更是越分享越多。分享是一种美德，更是一种快乐。分享能够让人减少痛苦，获得更多快乐，体现了自己对别人的关心与帮助。自己与别人分享了，别人也会回报自己同样的关心与帮助，这样彼此关心、爱护、体贴，大家都会觉得温暖和快乐。

其实，孩子的天性中都有乐于分享的一面。尚尚是元元的同学，有一次，尚尚妈妈和我在网上聊天，问我哪里可以买到元元的那本恐龙书，因为元元带到班里时，尚尚特别喜欢。回家后，我在饭桌上随意提到了这件事。第二天一早，元元竟主动要求带上那本厚厚的书，要请尚尚看。看来，真是说者无意，听者有心。对元元热爱分享的意识，我们很欣慰，我想，这也是他朋友多的原因之一。

乐于与人分享，能帮助自己克服人格发展中的某些缺陷，弥补其不足，形成更为全面和健康的人格。

懂得分享的孩子，以分享为乐，为能够与他人分享而感到由衷的欢乐。对自我的要求就可能更高，在做事情中就显得更努力和有责任心，自觉性更高，他们更愿意遵守规则，在集体中更乐于助人，更容易接受别人的意见，从而也就可能达到更高的目标，取得更大的成就。胸怀大度的孩子，有更好的自我调控能力，能更好地调节自己的情绪和心理，忍耐性更强。乐于与人分享的孩子，在待人接物中，往往显得比较大度、自信、得体、有礼貌，他们的社会适应性更好，更愿意付出。这些心理品质也有利于自己成功。

深受孩子们欢迎的"知心姐姐"卢勤，曾讲过这样一个故事：

"曾经有个男孩子对我说：'我不快乐！虽然我家有两个保姆，上百本图书和数不清的玩具。可是，我就是不快乐！'

于是我就问他：'你把这些书分给没有书的小伙伴看过吗？'

'没有。'

'那你把那些玩具分给别人玩过吗？'

'也没有。'

'你的压岁钱用来帮助过有困难的同学吗？'

'更没有了。'

'所以你不快乐！'我这样对他说，'如果你能把这些东西拿出来和别的伙伴分享，快乐自然就会来到你的身边！'

当他和妈妈听完我的报告，了解到贫困地区有许多爱学习的孩子没钱买课外书时，他真的很吃惊，就和妈妈一起捐出一万块钱，要求为五所农村小学建立'手拉手'书屋。

我亲自将这些'希望图书'送到安徽阜阳市，郑重地交到五所农村小学校长的手中，同时反复叮嘱他们，一定要让看到书的农村孩子把自己的感受写给那个男孩。

几个月之后，男孩真的收到了上百封农村孩子的来信，男孩学校的校长惊讶不已，以为这个男孩干了什么惊天动地的大事。

在这些信中，农村孩子对城市男孩表达了最朴实的感谢，说他们从来没有看到过这么多的书，还说这些书让他们产生了许许多多美丽的梦想，给他们带来了不曾有过的快乐，更说他们一定会好好读书……

男孩被感动了！他忽然觉得，自己是多么的重要，自己的这些书是多么的神奇！

慢慢地，男孩变得快乐了！他还和妈妈商量好，每年都要省下一些钱来捐书，送给山里的孩子。第二年，他又捐了1000册书……"

★ **妈妈箴言**

告诉孩子，分享其实不是失去，它是一种互利。

乐于与人分享的孩子，在待人接物中，往往显得比较大度、自信、得体、有礼貌，他们的社会适应性更好，更愿意付出。这些心理品质也有利于自己成功。

第六章

让自控力成为孩子一生的优势

一个人成就事业的基础，抛去运气、机会成本，是他在专业领域里的学习至少要达到 10000 小时。懂得坚持、自律和自我管理的孩子，长大才可以面对更加复杂的挑战。

习惯，仿佛一条缆绳

不能指望把所有的好习惯一股脑儿地塞给孩子，要逐一进行。

美国教育家曼恩曾说，习惯就仿佛一条缆绳，我们每天为它缠上一条新索，要不了多久就会变得牢不可破。太空人得先摆脱地球强大的引力，才能飞往月球。习惯的引力也是如此，冲破它的最初阶段是最艰难的。

教育学家威廉·坎宁安曾讲过这样一个寓言：

一个人正在沙漠里散步，突然，一个声音对他说："捡一些卵石放在你的口袋里吧，明天你会又高兴又后悔的。"这个人弯腰捡了一把卵石放进口袋。

第二大，当他将手伸进口袋时，他惊奇地发现口袋里放的不是卵石，而是钻石、绿宝石和红宝石。他感到非常高兴，不一会儿，他又感到非常后悔，高兴的是自己拿了一些卵石，后悔的是自己没有多拿一些。

教育也是这个道理，家长今天怎样教育孩子，明天孩子就会成为怎样的人。习惯就像是那些卵石一样，现在多培养孩子一些好习惯，明天的孩子就会得到钻石、绿宝石和红宝石。

孩子幼儿时期养成的习惯，决定他的一生。一个人的大部分习惯都是在 12 岁之前定格的。孩子 6 岁之前可以形成的好习惯，就不要拖到 12 岁，同理，3 岁之前的好习惯，也尽可能在这个阶段形成，这是妈妈一定要特别重视的。

所有的习惯，都要通过生活中点滴的琐事进行训练。不必抱怨什么，孩子 12 岁之后，这些播种带来的果实会接踵而至，给你极大的惊喜。

0～6 岁孩子正处于人生的初始阶段，具有很强的可塑性，因而培养各种良好习惯最容易见效，但需要注意的是，培养好习惯绝不是一朝一夕、立竿见影的事。孩子习惯的形成有其自身的过程，妈妈们不能指望把所有的好习惯一股脑儿地塞给孩子。要多一点耐心、细心和恒心，循序渐进，不断强化，才可以教养出具备好习惯的孩子，这将是给孩子一生最珍贵的礼物。

一位作家曾这样感慨："当我面对多重压力的时候，处变不惊、条理清晰的思维习惯让我临危不乱；父亲要求我去别人家必须拿礼物的家训让我至今养成了尊重别人、体贴别人的思维惯性，一些朋友说和我交友就是看重了我这一点；从小做家务活的经历让我打心底尊重每一位送奶工、公交车司机等最普通的劳动者。"

每天傍晚至上床睡觉曾经是我最头疼的一段时间，洗脸、刷牙、洗脚、睡前小便，如何让孩子自觉完成还真是个学问，让我筋疲力尽。我决定把主动权交还给孩子。于是宣布："这些事都是属于你自己的事。现在你有 60 分钟可以支配。算算你要做多少事，你来决定怎么做。我相信你会对自己负责，一定能完成得很好。"元元很兴奋，事实证明他很会做事。"妈妈，我已经完成两件事了！"……"妈妈，我还剩最后一件事了！"……"妈妈，我四件事全做完了，你还差三件事呢。"……由此，我深深地体会到自我驱动的神奇力量。

我尝试这样对孩子的坏习惯进行消极练习，当他动辄哭泣、发脾气、吸吮拇指时，我拿来一面镜子，让他认真"欣赏"镜中的自己，结果数天后，他的坏习惯就改掉了大半。

一个习惯的养成，需要有 21 次重复。对于孩子的不良习惯，可以辅助他每天做 6 次消极练习，每次都对着镜子连续做 3 分钟——事实上用不了那么长，孩子很快就会意识到镜中的自己并不可爱，也不好玩，他们常常会破涕大笑，或迅速放弃糟糕的坏习惯。需要强调的是，消极练习法要求孩子有意地、认真地去做原先那些无意识的不良习惯，降低坏习惯自动化的程度，从而克服它们。

一位日本的心理学大师说过一句话：心理变，态度亦变；态度变，行为亦变；行为变，习惯亦变；习惯变，人格亦变；人格变，命运亦变。

除了生活习惯，更重要的是思维习惯的建立。以下是一则探究思维习惯威力的著名案例。

两艘正在演习的战舰在阴沉大雾的天气中航行了数日，瞭望员报告："右舷有灯光。"船长命令信号手通知对方："我们正迎面驶来，建议你转向 20 度。"对方说："我是二等水手，贵船最好转向。"这时船长大怒："告诉他，这里是战舰，转向 20 度。"对方的信号传来："这里是灯塔。"结果，战舰改了航道。

思维习惯是改变行为与态度的原动力。每一项科学研究的重大突破，几乎都是先打破传统，确定新的思维模式，而后才成功的。

我曾经这样训练元元的思维和视角：将两根等长的棍子，前后错开放在孩子面前，问他哪一根长。孩子可能认为上面一根长，或认为下面一根长。这时，我引导孩子换一个视角看这两根棍子，并告诉他，说上面一根长，是因为你只注意到棒子左端的情况，当让他同时再看右端的情况时，结论就变了；说下面一根长的情况则相反，你只注意到右端的差异，而忽视了左端。通过这个训练，让孩子学会注意木棒的两端，也就是看一个事物要看得全面、仔细。

⭐ **妈妈箴言** ————

　　习惯就仿佛一条缆绳，我们每天为它缠上一条新索，要不了多久就会变得牢不可破。一个习惯的养成，需要有 21 次重复。

　　消极练习法要求孩子有意地、认真地去做原先那些无意识的不良习惯，降低坏习惯自动化的程度，从而克服它们。

　　孩子幼儿时期养成的习惯，决定他的一生。一个人的大部分习惯都是在 12 岁之前定格的。孩子 6 岁之前可以形成的好习惯，就不要拖到 12 岁，同理，3 岁之前的好习惯，也尽可能在这个阶段形成。这是妈妈一定要特别重视的。

　　所有的习惯，都要通过生活中点滴的琐事进行训练。不必抱怨什么，孩子 12 岁之后，这些播种带来的果实会接踵而至，给你极大的惊喜。

　　自己的主张受到压制的感觉，将永远留在儿童的记忆里。

　　　　　　　　　　　　　　　　　　——【前苏联】阿莫纳什维利

给孩子埋下"馋虫"

在他兴趣高涨时及时结束，给孩子埋下"馋虫"，诱惑他坚持下去。

———————————————————●———————————————————

孩子取得优秀成绩第一要具有智慧，第二是自律能力。

他们必须学会自我控制的艺术，具备那种必要的个人力量。孩子只有在有真正的爱并且经常被合理的纪律所约束的氛围中，才能最健康地成长。妈妈不能依照愿望和运气去塑造自己非常希望在孩子身上看到的品行。

到了幼儿园大班，因为幼小衔接的课题，孩子们的作业自然会被提上了日程，日记、数学题都是老师要求完成的。培养孩子做完作业再玩，是奠定将来良好习惯的核心。

在幼儿园中班，大多数孩了还不会有作业问题，有的可能会有兴趣课的作业。元元所在的幼儿园就会在每周四留国画作业。元元的小提琴老师也规定了每天要坚持练琴 20 分钟。

元元玩起来不惜力，等他跑得筋疲力尽，回家后面对功课就开始犯困——虽然只是不太费脑子的画画和拉琴。我给他定下规则：必须做完这些功课再出去玩。因为画画作业只是星期四才有，初期练琴也就 20 分钟，也就是说，强制他在 20 分钟内约束自己，培养先做功课的意识。

将来作业逐渐增多时，他才会更有毅力坚持。

做作业是巩固、理解课堂所学知识的手段，也是老师验证教学效果的依据。然而孩子的天性是热爱自由、好动贪玩，常常会排斥作业，或因惦记着玩，做功课时焦躁应付。

奢望孩子乖乖地按妈妈的意图马上开始投入功课是不现实的。我通常会不动声色，先默许孩子回家后吃点东西，随意玩几分钟，给他一些缓冲的时间，提示他我先做调琴等准备工作，然后告诉他，我已经准备好，可以配合他完成工作了——一定要强调他是这份工作的主体，是别人来配合他，而不是他来配合别人。因为学琴是他自己的选择，练琴是他必须付出的代价，也是他将来得以享受这一技能的基础。

然后我告诉他一个正常练琴的时间段，提示他如果一切顺利就可以进行下一个环节（自由玩），希望他能高效完成，不要延时。在开始的几次不得不啰嗦一点，强调延误的时间是要补齐的，得保证20分钟。执行时也要严格守约。慢慢地，孩子就适应了这样的安排。

我对元元说，琴是你的朋友，每天都盼着和你玩一会儿；把练琴看成每天必做的事，就像刷牙一样，要成为习惯，每天必须得"刷琴"。刷牙是对你有好处的，练琴也一样，而且它们的好处都需要长时间的积累才能看出来。让妈妈来和你一起坚持做好。

孩子都有一颗善感的心，喜欢拟人化的情境。有时元元抓过琴来，会亲昵地叫一声：我的老朋友，琴，你好吗？然后开始。拿琴、擦琴、收琴、背琴的工作也必须由孩子自己做，培养他对琴的感情。带着友情和爱惜之情去练琴，效果一定是不一样的。

有时候会有特殊情况，孩子身体欠佳，会特别疲倦、情绪不对等等，那就要适当放宽条件，不要那么刻板，甚至可以放弃当天的功课。这其实是很灵活的，也不用补课，告诉孩子下次注意提高效率就可以了。这时候孩子对你的体谅一定会很感激，次日往往会以更好的努力回报你。

对 3～6 岁的孩子，不要把学习置于高高在上的严肃地位。对他们来说，学习也是一种游戏，但只有认真对待才有好收获。告诉孩子不要去想将来的回报，每天把基本功做足，自然会享受到坚持的乐趣。我也和他一起学琴、练琴，一方面出于自己的兴趣，另一方面暗示孩子，他不是一个人孤军奋战，妈妈也和他一样努力并且乐在其中。

在学前阶段，元元还会定期做一些思维逻辑的训练，都是非常有趣的练习（我称之为"玩逻辑"），孩子很喜欢。平均每天做 2～3 个项目；玩小卖部游戏，做一些的益智题，也是这个年龄段自然会感兴趣的，我会有目标地安排他做。做这一类学前到入学过渡阶段的功课，前提是轻松、有趣，不能让孩子太疲倦，而且在他兴趣高涨时及时结束，给孩子埋下"馋虫"，诱惑他坚持下去。

还可以把做功课的时间化作功课的数量，即把"再做 20 分钟"之类，改为"再做 6 道题"。因为这样具体的题数比时间更具象，数值也小些，孩子可能会从"必须忍耐 20 分钟"的消极状态，转变为"快把练习做完"的积极状态，顺利地完成任务。

除了小段功课的安排之外，大段的时间还是应该留给户外活动、自由阅读、科学实验、协助家务等等。孩子的自控能力差，长时间集中精力学习，会加剧他们的紧张心理；对孩子过度的知识化教育还会破坏他们的发育规律，影响孩子身心发展。所以，要尽情地放松孩子，还孩子自由奔跑游戏的时间。要知道，除掌握知识外，培养孩子成功的性格特征，如独立精神、自信心、自尊心、自制力、理解力，防止他们形成消极性格，如胆小、依赖性、自卑、骄傲、任性、自私等，是更为重要的。

★妈妈箴言

　　必须学会自我控制的艺术，具备那种必要的个人力量——孩子只有在有真正的爱，并且经常被合理的纪律所约束的氛围中，才能最健康地成长。

　　做这一类学前到入学过渡阶段的功课，前提是轻松、有趣，不能让孩子太疲倦。

　　除了小段功课的安排之外，大段的时间还是应该留给户外活动、自由阅读、科学实验、协助家务等等。

　　试玉要烧三日满，辨才须待七年期。

——【中】白居易

电子媒体，孩子的玩伴？

妈妈要善于筹划能够使其释放能量的活动，帮助孩子脱离电子世界的诱惑。

妈妈出于安全考虑，或者自己忙于做家务，分身无术，把电视或电脑打开，孩子一坐就是一两个小时，这样的家庭实在不在少数，电子媒体俨然成了孩子的家庭保姆。孩子乖乖就坐的模样也令妈妈很放心。特别是在冬季，户外活动受限，看电视、玩电脑、玩手机更容易成为孩子的主要活动。

电子媒体是这个世界的信息来源主体，完全避讳是不现实的。当我们感叹现在的孩子比起我们当年要聪明许多，应该主要归功于多元、海量信息的刺激。是的，孩子们的营养远比过去丰富，孩子们的生活环境远比过去优越，但他们从很小的时候，就能从电视里了解自然、了解社会、了解世界，家长也依赖更多的媒体信息掌握前沿资讯、调整养育策略，显然是更为重要的。

理智的家长也都会看到硬币的另一面，上瘾的孩子会过分依赖于电子媒体，进而形成一种简单、僵化的非正常思维模式。

孩子在看电视时往往爱坐在前面，离荧光屏较近，电视机的光度时亮时暗，变化很大，图像变化又快，这样会使儿童眼睛的睫状肌调节功能降低，逐渐使晶状体突出而导致近视，有时还会出现头晕、眼痛的问题。

有人对看了20分钟电视后的小儿进行脑电波检查，发现脑电波大多呈睡眠波。儿童看电视时间较长，实际上是处在朦胧状态中，对孩子的智力发展并无帮助。

不够优秀的孩子看电视总是没完没了，或者磨磨蹭蹭地做事，而优秀的孩子看电视的时间和吃饭、学习的时间都是分得很清楚的，从这些细微之处可以看到他们有很多区别。

如果长时间地把孩子交给电视，不仅身体容易发胖，反应变得迟钝，性格孤僻，有暴力行为，而且还可能使孩子失去了主动思维，在认知的学习中他们可能变得非常被动，不再爱动脑筋，更不利于孩子将来抽象思维的发展。他们可能会忽略了自己的玩具和小朋友，宁愿守在电视旁看那些并不适合他们的节目，也不愿出去和小朋友玩耍，这就是所谓的"电视自闭症"，会影响儿童的语言发展和表达能力。

专家建议，一天之内观看电子屏幕的时间不可超过两个小时，我的经验是，对于儿童，20～30分钟更为合适。观看时，孩子所坐位置应距屏幕3米以外，而且，为了不让孩子思维被动，应时常性地与孩子搭话，借以分散孩子的注意力。看电视时最好同时开一盏小灯，可以减少光亮对眼睛的刺激。同时，还要纠正孩子看电视时的坐姿。睡前不要看过分惊险的电视，免得受惊后在半夜哭吵不安。元元曾因为白天看了恐龙和鲨鱼的片子，睡前特别紧张。

大部分孩子从幼儿园回来后，倘若无事可做，均倾向于观看电视影碟、玩电脑游戏。如果没有好朋友的诱惑，较之在室外跑闹，孩子更喜欢在家中闲待。这时，电子媒体无疑是最具互动性和诱惑力的玩伴了。

妈妈要善于为孩子筹划能够使其释放能量的活动，帮助孩子脱离电子世界的诱惑。

我告诉孩子，过多看电视、影碟会使我们的智慧逐渐减少，最后也许会导致我们无法独立思考；而且你看影碟时，妈妈会感觉影碟将你从妈妈身边抢走了一般，心情十分糟糕，让孩子意识到沉溺于电子媒体多少有些不安。

妈妈应该对孩子多加诱导，使其通过跑跳运动或游戏类大肢体活动释放精力。如果孩子实在不愿意出去玩，妈妈可以安排他协助做家务，通过劳动消耗能量，也可以鼓励他玩拼插玩具等想象性游戏，听音乐、听故事，阅读。妈妈可以在饭后搞一些猜谜、棋牌游戏等家庭传统活动，既能使家庭充满温馨的气氛，也能使孩子的智力得到开发。除了鼓励孩子走到户外，到同学、小朋友家或邀请他们到家来玩，扩大孩子的社交能力，也不失为一种摆脱电视的好方法。

妈妈要做个好榜样。如果不想孩子看电视，妈妈首先自己要以身作则，少看电视。如果妈妈沉浸在电视的乐趣中，孩子就会受其影响或模仿。孩子每时每刻都在观察自己的妈妈，妈妈要求孩子去做事，自己却舍不得关电视，孩子一定会加以效仿，而且从内心渐渐失去对妈妈的尊重。

为了纠正孩子爱看电视的毛病，妈妈可以跟孩子制定作息表，每天几点起床，回家后安排哪些活动，晚上几点洗澡、休息，这样可以把看电视安排进去，征得孩子的同意后，大家就按作息时间去执行。另外，要强调"现在是吃饭时间"、"现在是学习时间"这样的概念，吃饭、学习的时候一定不能开电视，这个界限要特别清晰。

电子媒体不是洪水猛兽，而应该成为妈妈善用的工具。由父母来指导孩子正确使用电子媒体是非常必要的。

孩子们没有明辨是非的能力，要面对那些对于他们来说难以理解和无法解释的节目内容，很不妥当的，有的孩子甚至因为无意间收看到成人节目而沉迷其中，孩子到底应该看什么节目最终决定于他们的父母。妈妈可以和孩子一起观看科教探索类的节目，一边观看一边和孩子讨论，随时回答孩子的问题，形成互动氛围，减轻不良信息对孩子的影响，如成人广告等。

因为男性对电子媒体更有感觉，妈妈还应鼓励爸爸和孩子一起玩电脑，教孩子电脑常识，适当玩玩电子游戏，告诉孩子电脑的功能有多么强大，如何用电脑解决问题，比如，查资料、找答案、网上支付、玩微博、建相册、发邮件……

⭐ 妈妈箴言

　　电子媒体俨然成了孩子的家庭保姆。孩子乖乖就坐的模样也令妈妈很放心，然而这只是假象。

　　要让孩子意识到沉溺于电子媒体多少有些不安。

　　电子媒体不是洪水猛兽，应该成为妈妈善用的工具。妈妈还应鼓励爸爸和孩子一起玩电脑，正确认识电脑的价值。

　　"我们一起来制订对双方有利的规则，我们共同决定对双方有益的解决方案。当我必须独自做出决断时，我会坚定而和善，维护你的尊严，给予你尊重。"这就是正面管教型家长。

——【美】简·尼尔森

当自律成为习惯

北欧的家长往往建议孩子每天有一定的独处时间，让自己平静下来。他们认为这可以避免孩子太过浮躁喧闹，也多一些反省静思的时间。

●

"无论孩子要往哪个方向发展，都应当成为一个热爱祖国、自信（不是自负）、自律、坚强（不是固执）、有上进心、有思想、有爱心、快乐的人。""我们家有三个规矩能够预防（或矫正）孩子任性、自私：一是坚持按时作息；二是全家服从道理；三是体贴照顾亲人。"①

这里面提到的"自律"、"按时作息"，就是自我约束能力，有所为，有所不为。只有自律才能控制更多的资源，成就一番事业。当自律成为习惯，当孩子适当学会静思自省，孩子的生活会正常有序，避免混乱造成的痛苦感。

其实生活中的很多原则都可以理解为自律条款：

请孩子保持对父母的尊重，否则生活会变得很不舒服。

父母给孩子买衣服和生活必需品，但他得自己买玩具和个人喜欢的东西。

---

①引自《哈佛女孩刘亦婷》

当孩子挑衅父母权威时，请他去"反思角"用几分钟时间静下来反省。

严格按作息表工作和娱乐，包括"学习时绝对不看电视"、"游戏前一定要完成作业"等。

孩子必须完成要求他自理的事以及家务活。

不允许孩子沉溺于物质享受，要懂得欣赏艺术，懂得追求有益的精神生活，懂得分享、帮助和给予。

孩子要有"成为优秀的人"的念头，要给自己设定较高的标准。

要有自我情绪管理的能力，烦躁时懂得如何平复心情，失败时懂得重新振作。

在任何场合都要做到文明有礼，大方得体。

当我们鼓励给孩子充分的爱和自由时，往往又忽略了规则和自律，其实它们并不矛盾，只有两者都发挥作用时，教育才会真正有效。达·芬奇曾说，不惩罚犯罪的就是在下令犯罪。惩戒、规范、要求都必须是明确的，被严格执行的，勋章将给勇敢的士兵，没有规诫，奖励也会失去意义。妈妈们需要把握好两方面的平衡，娴熟地运用于管理孩子，并激发孩子由此达到更高的自我管理水平。

其实，孩子天生就具备科学统筹的自我管理能力，前提是妈妈要正确引导，督促孩子完成。

我曾经提到，反复催促元元完成睡前准备工作一度很让人烦恼。我有时候真会怀疑，孩子其实能分辨什么是低水平的管理，什么是更聪明的管理。因为当我用更高的标准要求他，也就是由他自己统筹管理时，他做得很好。具体方法前文曾提到，例如明确提示他有 30 分钟可以支配，他需要完成的工作包括喝奶、洗漱、如厕、找书四件事，由他自己独立完成。

所以，不要担心孩子没有自律能力，妈妈们需要做的是给孩子明确的指令和适当的空间，让他有机会去自我实现。

当孩子表现出良好的自律能力，工作顺利完成，及时的奖励是非常关键的。诸如，"我很欣赏你在妈妈工作时保持安静！现在工作已经完成了。我就有更多的时间了。为什么我们不计划这个周末去动物园呢？""我看到你刚才吃饭时一直没有离开餐桌，也没有浪费食物。规定的用餐时间你甚至还没有花完呢！现在请享受饭后甜点吧。""我很高兴你高效率地完成了该做的功课，祝贺你为自己赢得了更多玩的时间。"

请注意我会尽量用"我式句"，这比用"你式句"听着更舒服，滥用后者会引发孩子的逆反，让孩子产生无时无处都在被监督、被评判的微妙心理，而"我式句"强调是来自妈妈的肯定，是妈妈独特而真实的感受，是孩子所作所为引发妈妈产生的良性反馈，更具互动性和亲切感，孩子会觉得自己的努力一直有妈妈善意的关注陪伴。

我在客厅里贴了一张大纸，我称之为"星星单"。右下方有一个愿望角，写进元元近期希望得到的礼物。凡是元元做得好的事，就奖励一颗星星，积累了十颗星星就可以得到一份礼物。

这件事还需要几点细节才能有更好的效果。

第一，元元不能自己要求得到星星，只需要正常地做事。妈妈会在自己认为合适的时候给元元一个惊喜，甚至一天给好几颗星星。

第二，妈妈决定给元元星星时，元元可以自己画上去，什么样的星星都可以。

第三，通过"星星单"得到的礼物是对元元正确做事的褒奖。妈妈不会只依据这份"星星单"给元元礼物，妈妈会在节日、生日或其他时候另外给元元礼物。

第四、"星星单"上每一颗星星下都会写上奖励的理由，并由妈妈念给元元听。

让我感兴趣的是，得到礼物和星星、画星星这些环节并不一定是孩子最高兴的时候，当我在星星下写理由的时候，是元元最骄傲的时刻，他经常要求我反复念，不断重温自己做过的那些事，听的时候眼神专注，闪闪发亮，仿佛那些细碎的小事不只是很棒，而是真正"伟大的事"。每一件事都在激励孩子的自信心，向他印证着：元元，你是一个好孩子，你真的超棒！

自律意识薄弱的人，很容易用低标准要求自己，受到各种各样主客观原因的干扰，难以达成目标。经常与小伙伴发生矛盾争吵；在家撒娇、任性，不达到自己的要求誓不罢休，这些都是缺少自律的表现。

学校是一个讲究秩序和管理严格的地方，为了让孩子能适应上学，3～6岁这几年是打好基础的关键阶段。妈妈要尽早培养孩子具备自律能力，从不懂事的小娃娃成长为明事理、守规矩的小学生。

能够自我管理的人做事情会更有条理、更有计划，做事成功的几率也更大。妈妈从小就对孩子灌输时间意识，告诉他们"从几点几分到几点几分干什么"。比如，即使是孩子玩他最喜欢的游戏机时候也是如此。就算孩子央求"再玩一会"，妈妈也要遵守一开始规定好的时间，不让他再玩。

小孩子对形象、具体的事物感受力很强，因此妈妈对孩子提要求时要注意尽量明确、具体，不带有含混、模糊的概念，比如要求孩子早起，对他说"明天早上早点起床"就不如说"明天早上六点必须起床"效果更好。

妈妈还要教会孩子自我管理的方法。比如：孩子喜欢吃巧克力，但是有很多妈妈会把巧克力藏起来，尽量不让孩子发现，可是一旦孩子发现，就可能吃个没完没了；假如妈妈换个方法，把五块巧克力一次给孩子，然后告诉孩子多吃巧克力的坏处，并和孩子商量好每天只吃一块，孩子答应了，就要求他按规定去做。开始时，孩子可能不能按规定去做或做得差一点，妈妈一定要有耐心，不能训斥，鼓励他继续努力。时间长了，孩子就会有所作为，那时，他就有了一定的自律。

我一度极力制止元元吃口香糖，反而勾起了他的好奇心，他觉得嚼口香糖很酷很好玩，一去超市就吵吵着要买。后来我一次买了两种，宣布一瓶是他的，一瓶是我的，都由他保管，他负责给我们俩分配口香糖。每个人一天可以分两颗。但如果不能控制自己，保管权就会收回。元元大喜，每天早晨都不忘给我一天的配给——两颗口香糖，然后自己也嚼上一颗（有时会偷偷嚼两颗，我会假装没看见，给他几天调整的时间），高高兴兴地上幼儿园去了。他中间又有几次违规多吃的行为，但到口香糖剩下一半时，他已经能严格按规定管理，并且，之后对口香糖也没有太浓的兴趣了。

孩子年龄小，自控能力差，做事常常由着性子来。妈妈要告诉孩子应遵守的一些行为规范，使他们知道什么该做，什么不该做。妈妈在说教时，孩子只是浅显地接受，并没有真正意义上地理解，这就需要妈妈在与孩子共同的游戏中逐步帮助他发现问题、制订规则，并引导孩子真正了解为什么要这样做，如果那样做会出现什么问题？比如，在细小的活动中，让孩子不断得出结论，从而不断内化自己，要求自己，约束自己。

比如，领孩子过马路时，引导孩子理解交通规则，评价行人车辆的行为规范。尝试让孩子设想，如果行人和车辆都不遵守交通规则，会是什么局面？引导孩子学会去发现和了解规则的意义，了解不遵守规则对他人的妨碍，并影响和带动周围的小伙伴共同遵守。

要让孩子掌握控制自己行为的技能。许多事端和冲突都是主事者情绪失控引发的。孩子之间发生争执时，帮助孩子暂时离开现场，冷静下来，孩子往往会恢复理智，对妈妈的说教也更为理解和接受。

一位朋友告诉我，北欧的家长往往建议孩子每天有一定的独处时间，让自己平静下来。他们认为这可以避免孩子太过浮躁喧闹，也多一些反省静思的时间。一个自律的人，也是一个能够自我反省的人。每到学期结束或者孩子过生日、孩子又长大一岁的时候，妈妈可以问问孩子，这个学期快结束了，我们又长大了一岁，你觉得自己学到了什么本领？哪些地方自己进步了，哪些地方做得还不够好？在新的一年里有什么打算？这样的"盘点"可以让孩子以坦然开放的心态面对

真实的自我，明确自己的成绩和过错，更有目标地投入下一阶段的
生活。

从小培养孩子学会自律不仅能够让孩子控制自己的行为，而且有助
于孩子更好地认识社会，从而投入到生活和学习中。

★ 妈妈箴言

当自律成为习惯，当孩子适当学会静思自省，孩子的生活会正
常有序，避免混乱造成的痛苦感。

当我们鼓励给孩子充分的爱和自由时，往往又忽略了规则和自
律，其实它们并不矛盾，只有两者都发挥作用时，教育才会真正
有效。

只有出自衷心的羞耻心和畏惧心，才是一种真正的约束。

——【英】洛克

让孩子及早为自己做决定

在开始时讲清楚要点，让他自己留心，边做边自查调整，孩子更专注，干得更有效率，也更明白自己容易出错的地方。

两岁多的孩子已经有了自主意识，已经不再愿意什么事情都听父母的了，他们有了自己做决定的需求。如果孩子的这种需求长期不被满足，自主意识就会被抑制，自信心会受打击，影响孩子对自己的评价，很可能导致孩子产生消极的自我评价，而这一点可能会深植于他的内心。长大以后，孩子可能会缺乏判断力和选择的能力，缺乏责任感，凡事依赖，缺乏主见。到那时父母再想训练孩子自己做主就很难了。

一个经常为自己的人生做决定的孩子，他有着独立果断的性格，尽管他会遇到一些挫折，但那些挫折最终和成就一起，让他感觉到自己生命的丰富多彩。

总是由父母做决定的孩子，长大后常常缺乏判断力和选择的能力，而且缺乏责任感，甚至不知道如何对自己负责。当孩子逐渐长大，父母应该给予孩子更大的空间去独立思考和做决定，让他们学习自己面对问题与解决问题的方法，而不再是处处被照顾得无微不至，这样做才是真正的爱孩子。

澳大利亚传媒大亨鲁伯特·默多克曾被英国商界称为"英国在世的

最伟大的企业家"。默多克的父亲凯斯·默多克在澳大利亚是一位很有成就的报业家,拥有《论坛报》集团和爵士头衔,对唯一的儿子默多克很是宠爱,甚至有点溺爱,而默多克的母亲伊丽莎白·格林却是一位严母。伊丽莎白年轻时曾是一个优秀的演员,很有主见,尽管和丈夫一样十分宠爱孩子,但是眼见默多克在父亲的溺爱下逐渐变得任性和骄气,便选择了和丈夫截然不同的方式教育孩子。正是这位看上去铁石心肠的母亲,使默多克一生受益无穷。

在默多克还很小的时候,伊丽莎白专门在花园为默多克盖了一个小木屋,让他一个人居住。每天晚餐过后,母亲都陪伴他读书看报,然后让他一个人到小木屋睡觉休息。只有在最寒冷的冬天,担心小屋过于寒冷会冻坏他的时候,才允许他和姐妹们一起在大屋子里休息。

刚开始的时候,默多克总是害怕在小木屋里,他的父亲凯斯曾几次想劝说伊丽莎白不要这样对待孩子,但伊丽莎白认为在外面睡觉对儿子很有好处,他需要适应自然界的黑暗,适应独处,这样做会让他变得更勇敢。但是,伊丽莎白也没有把默多克扔在小屋里就不管了,为了安慰和鼓励这个胆怯的孩子,她在小屋里和孩子一起阅读并给他讲故事,等默多克睡着后再悄悄地离开。渐渐地,默多克不再害怕一个人睡在小屋。

默多克10岁那年,伊丽莎白将他送到了基隆语法学校寄宿学习。父亲一直很担心儿子年纪还太小无法照顾自己,很反对母亲的这一举动,但是和以前一样,母亲坚持了自己的做法。默多克在学校的集体生活里,学会了照顾自己的生活,也学会了和同伴友好相处。在这里,默多克学到了丰富的知识,培养起独立思考的习惯。在几位良师益友的影响下,他开始参加校园活动和学生社团,担任了校报的编辑,这是这位传媒大亨的媒介生涯第一步。

默多克的母亲对孩子不溺爱,让孩子养成了独立自主、坚强勇敢的品质,他在这种特殊的锻炼下学会了适应各种环境,使他能在面对复杂局面时及时调整自己以适应变化,这种品质造就了他今天的成功和辉煌。

父母给孩子自己作决定的机会，调整的机会，才会强化孩子的自主意识，让孩子学会如何选择，如何把工作做得完美。

妈妈们肢体的介入，语言的干涉，很可能毁灭孩子学习的信心和兴趣。孩子读书或练琴，妈妈坐在一旁，孩子的一举一动都在妈妈监视之下，稍有"越轨"行为便会招来一阵唠叨或训斥。随着年龄的增长，孩子的约束感越强，心情的压抑和无可名状的烦恼就越多，这种消极的情绪会降低孩子的学习动机。好心的妈妈成了"兴趣的杀手"。在我的印象中，元元对大人们"热情帮助"的反感，在五岁半时特别强烈。一旦我指出他的问题，他开始是沮丧地哭闹、罢工，后来干脆捂着耳朵，大嚷"听不见，听不见，再说一百八十遍"，弄得我哭笑不得。我意识到孩子正在建构的自主意识被我烦扰了，于是调整策略，在开始时讲清楚要点，让他自己留心，边做边自查调整，情况才好了很多。孩子更专注，干得更有效率，也更明白自己容易出错的地方。这样，随着孩子年龄的增长，妈妈陪伴的时间和频率就可以逐步减少，直至减少到零。孩子的独立行为能力和学习能力会不断增强，学习就完全成了他"个人的事"。

⭐ 妈妈箴言

如果孩子的自主意识被抑制，自信心会受打击，影响孩子对自己的评价。

一个经常为自己的人生做决定的孩子，他有着独立果断的性格，尽管他会遇到一些挫折，但那些挫折最终和成就一起，让他感觉到自己生命的丰富多彩。

父母应该给予孩子更大的空间去独立思考和做决定，让他们学习自己面对问题与解决问题的方法，而不再是处处被照顾得无微不至，这样做才是真正爱孩子。

别逼孩子 "好好学习"

尤其对孩子们来说，虽然每个人的机遇和成长的道路不同，但坚持的信念是一定要有的。

——小提琴演奏家　吕思清

据说，如果一个运动员停止训练一段时间，那么他运动能力恢复所需要的时间，是他休息时间的三倍。在学习上停滞的话，不只是能力会有所下降，好不容易养成的习惯中断了，要想再恢复回来就更加困难。

我曾问教元元小提琴课的老师，怎么让孩子热爱小提琴。她笑着说，让孩子热爱小提琴很难，能作为一种习惯坚持就好。在 18 岁以前，孩子通常不会有什么热爱，甚至也体会不到小提琴对他的好处，但只要有一份坚持，他可以用漫长的一生来享受音乐的回馈。

孩子对于自己选择的，最初喜爱并承诺要坚持的事，也会有放弃的想法，每天定时的练习，被约束的感觉，会令他不爽，渐渐讨厌所做的事，后悔自己的选择。要想减轻这种苦痛，最好的办法就是帮助他把所做的事情习惯化。每天在同样的时间学习同样的东西，养成习惯以后就成为一件理所当然的事，不会感觉到不喜欢做的痛苦。

踏踏实实、一点一滴的学习在常理上违背人的本性，不想学习是很正常的反应。期望孩子自己主动地做点什么，这种想法是不现实的，家长应该根据自己的意愿来管理孩子的行动。

学习知识也是一样。人类自古以来积累的知识和智慧庞大无比，现代社会所要求的人才必须先具备获取这些知识和智慧的能力，进行信息记忆和整理，才能在前人的基础上，打破常规，培植出创造能力。因此，正确积累和记忆所学的知识，是每个孩子都应该做到的。

当遇到瓶颈时，顽强的意志是坚持的动力。我曾指着一幅美国特种部队成员全副武装、在水中待命的图片问元元，你觉得他们最需要具备的东西是什么？"能忍。"其实孩子的洞察力非常之强，但因为年龄的原因，自控力弱，所以妈妈的帮助非常重要，妈妈首先要有不变的信念，明确的目标，坚强的意志，和孩子一起努力。有的妈妈兴之所至，要求孩子完成某件事情，起初能坚持督促孩子去做，日后，当孩子不肯做时又轻率迁就，这些做法都不可取。

做事有条理，会更容易坚持。许多人做事虎头蛇尾，就是因为条理不清，工作时处于混乱局面，导致事情失败。事先进行缜密的规划，按计划有条理地工作，可以一步一步逼近目标，给孩子一个坚持下去的理由。

著名小提琴演奏家吕思清曾有一段感同身受的体悟。他提到他的许多同学当时都是国内顶尖的音乐神童，但随着时间的流逝，大多走上了另外的道路，只有少数人坚持了下来，他自己也差点受到电影《琴童》的诱惑去演戏了。"小提琴是很能考验人的，光凭一时的兴趣很难真正走入门去。没有坚定的信念和坚强的毅力，不付出长期的刻苦努力，是永远也学不出成就的。"他说，"坚持特别重要，尤其是对孩子们来说，虽然每个人的机遇和成长的道路不同，但坚持的信念是一定要有的。"

孩子因为年龄小，他们做事一般只凭兴趣出发，做事容易半途而废，因此，妈妈要尽可能地培养孩子的耐性，教导孩子养成做事有始有终的习惯。排队玩游戏时安抚孩子要耐心等待；玩考古游戏时鼓励孩子细心，一点一点把工作进行下去；做功课烦躁不安时让孩子暂停几分钟，喝点水，活动一下，静下心来……从点滴小事做起，培养孩子的忍耐精神。

督促孩子在一定时间内完成某项活动，使孩子感受到成功的喜悦。千万不能在孩子投入做某件事时，用其他事情去干扰他，打断他的活动，分散他的注意力。

⭐ 妈妈箴言

好不容易养成的习惯中断了，要想再恢复回来就更加困难。

妈妈首先要有不变的信念、明确的目标、坚强的意志，和孩子一起努力。

要尽可能地培养孩子的耐性，教导孩子养成做事有始有终的习惯。

惩罚无助于孩子培养归属感和价值感。惩罚会带来五个后果：愤恨、报复、反叛、偷偷摸摸、自卑。

——【美】简·尼尔森

附　男孩、女孩，教养要区分

　　和妈妈们聊起孩子，总有这样的感触：现在同龄的女孩比男孩至少成熟一年半到两年。中国应试教育的体制，让更早熟的女孩有不少优势，但调教得好的男孩同样可以后劲十足。尊重孩子的天性最为重要，了解男孩女孩的一些特点，可以给妈妈一些提示，在养育时有所侧重。

男孩和女孩的基本需求

　　婴儿在人生之初并不知道自己的性别，他们对自我的感受只是凭借自己的基本需求。到两岁左右，孩子才开始意识到自己是男是女，在这一阶段，男孩和女孩的需求基本是相同的。

　　在吃好、穿好之外，所有的孩子都需要情感支持：如被爱、珍惜、赏识、重视、注意、赞赏、理解和接受。不管是男孩还是女孩，如果需求得不到满足，他或她就会觉得被忽略和孤立。

养男孩是挑战

　　小男孩带给妈妈的挑战，远远超过了小女孩。元元的阿姨经常感叹，带男孩真的要困难很多，需要时刻斗智斗勇。她自己带女儿时几乎没费什么神，稀里糊涂地孩子就带大了，孩子也乖巧懂事得很。

　　从婴儿时期起，男婴就比女婴更容易烦躁，日常生活中的一点点改变或者父母稍微严厉一些的口吻，都可能使小男孩变得更烦躁不安。

235

科学家将六个月大的婴儿与他们的母亲请到实验室，在事先设定的情境中玩耍并进行录像。首先，母亲给婴儿看玩具并与婴儿说话；然后，母亲停止与婴儿玩耍并板起面孔以使婴儿烦躁不安；接下来，母亲要尽可能地安慰婴儿，抚摸婴儿，注视并跟婴儿说话。

实验结束之后，研究人员慢速播放录像带，分析婴儿和母亲的表情及行为变化。结果发现，男婴哭泣和烦躁的次数更多，表现得更为愤怒，他们要么比画着想让母亲抱自己，要么在椅子上动来动去好像要逃走。而且，在母亲试图安慰他们的时候，男婴也表现得更难平静下来，母亲要付出更多的努力才能让男婴高兴起来。

爱闹腾的男孩子

英国有句名言：一个男孩比十二个女孩增添的麻烦还多。

事实也的确如此。男孩通常比女孩子更加闹腾，更爱吵闹，更容易发生意外事故。

男孩体内荷尔蒙睾丸素的分泌远远大于女孩，而荷尔蒙睾丸素正是雄性特征的体现，它直接导致男孩比女孩更加叛逆与好动。这也正是为什么相对于女孩来说，男孩更不容易管教、更不好培养的根本原因之一，男孩也因此有着更多的行为问题。

调皮的男孩通常身体健康，爱好玩耍，同时也会让家长感到很累。男孩的语言能力发展较晚——这和大脑额叶的发育速度有关，因而无法对自己的行为做出准确的说明。所以，不要仅仅因为对男孩的某一行为或态度不满就对他失去信心。任何时候都不要因为你的批评而让他感到伤心欲绝。

小男孩可能会比小女孩遭到更多训斥，家长需要注意的是，生硬的斥责传递出对男孩的不认可，会对他们造成巨大伤害。如果你一定要因为这些事情而斥责他，请将他和他的行为区分开来，这样可以使他在学习如何控制自己的行为、理解行为后果的同时，保持自我价值感的完好无损。

"我很爱你，但我不喜欢你这样做事。如果你能……做的话，事情会更好呢。"这是驯育时非常管用的话。避免使用"好"或"坏"评价儿子的行为，因为他会将之视为你对他的印象。不妨向他说明你认同他哪些行为，不认同他哪些行为。

男孩子经常调皮捣蛋，目的是引起他人的关注。注意不要让调皮捣蛋行为成为他们成功获得关注的唯一途径。我的经验是，当元元做出捣蛋的事情时，平静地告诉他"这很危险"、"这样不礼貌"、"这样并不好玩"、"这样并不可爱"……或准确告知对他的行为的定义，比如"你搅扰到别人了，别人会不舒服"、"我觉得疼，我不喜欢这种感觉"，让他清楚地明白监护人对他的行为的态度。

有一次，元元乘坐公共汽车很兴奋，总是跳来跳去，在车厢里乱跑。我提醒了他好几次"这样很危险"，无果。于是，我把他拽过来，小声凑着他的耳朵说："元元是有公德的好孩子，这样的行为不像你。你一直很懂礼貌，我想看到你绅士的一面。"

这样做有两个功效，一是提示他"妈妈认可你，你是有文明有礼的好孩子，只是暂时失去了控制"；二是用放低音量制造一种神秘的氛围，仿佛在和他沟通某种特别神奇的事。当孩子的神经过于兴奋时，这样做比大声嚷嚷更有威力。随着我声调的降低，元元安静下来——他的确期待自己更像绅士，而且在这一刻，他情绪平复下来后，也注意到周围的目光，意识到大家对他的"顽皮"并不感冒。他开始反省，进而收敛了自己的行为。

男孩独特的"索爱"方式

有一段时间，元元动辄大拍我或者阿姨的屁股，然后嘻嘻哈哈地跑掉，甚至在公共场合，他一度喜欢撩起我的衣服，让我尴尬透顶。这些粗俗的行为弄得我很是恼火！后来我了解到，这只是他在表达爱意。

在爱的表达方面，男孩子常常采取更加富有进攻性的方法来获得所需之爱，而女孩子则主张自己与生俱来的情感权利，要直截了当得多。

所以，如果儿子突然从背后袭击你或者给你狠狠的一拳，这意味着他需要你的爱，所以你最好充满爱意地回应他，而不要因为觉得"受到了惊吓"而对他予以猛烈的回击。

没有得到爱的男孩会将之说成"不需要"，以掩饰自己的难过。他们会表现得更倔强，或者更怯弱。

对男孩的爱不一定像对女孩那样，用明确的言语和动作，爱也可以通过其他方式表达，比如，紧挨着他看电视、读书，或者睡觉之前在他床上坐一会儿。爱，往往并不复杂，一种温馨的氛围就足够了。

不能把儿子当情人养

美国女心理学家伊夫琳·S·巴索夫认为，对母亲而言，教育儿子意味着艰辛的付出，因为"母亲和儿子之间缺乏相同性和一致性，母子之间更多的只是一种对异性的感受"。

母亲不能单纯依靠母爱本能去培养男孩，还需要更高层次的智慧引导。而母亲最大的劣势是跟男孩分属于不同的性别世界，这也是她与儿子最大的不同。众多生理学和心理学的研究证实：不同的性别，在生理和心理上都存在巨大的差异，男性和女性有着不同的大脑，分泌不同的性激素，有着不同的生理和心理。

作为妻子，理解异性的丈夫尚且不易，与丈夫相比，儿子更难理解，因为他既是男性，又是小孩子。母亲与儿子之间除了性别差异以外，还存在年龄差异。儿童的心理与成年人的心理有非常大的差异，儿童看待问题的方式和角度跟成年人不一样，他的思维方式、道德评价标准都异于成人。正是由于性别和年龄的双重差异，加大了母亲与男孩的距离，使母亲很难真正理解男孩的行为。

养育男孩，母亲面临双重挑战，要克服两大障碍：性别鸿沟和代际鸿沟。培养女孩，母亲可以依靠女性的直觉，但培养男孩，她注定要增长自己的智慧。

抚养男孩,特别忌讳的就是妈妈把男孩当成"情人",过多展现情绪化的管理方式。有的妈妈因为承担了大部分的抚养任务,成天和儿子腻歪在一起,看着儿子柔嫩的小脸、可爱的神态,加之对老公的大男子主义心怀不满,很容易对老公失去了兴致,不知不觉把儿子当成了自己的"小情人",这并不值得鼓励。家庭中的每一员都应有自己合理的位置,妻子、丈夫、儿子都应各司其职——儿子就是儿子,丈夫就是丈夫。当丈夫疏于家务,就要鼓励他扮演好自己的角色,承担起应负的责任。

男性世界崇尚理性和规则,妈妈要拿出足够的理性,制定合理的规则,对男孩的管理才能行之有效。

如何培养男孩的"情绪素养"

当家长们发现其儿子身上带有"3I标签",即孤独(Isolation)、不安全感(Insecurity)、感觉自己无足轻重(Insignificance)时,应该予以同样的关注。"3I标签"就像炸药,会导致危险的混合情绪产生,伤害人一辈子。

从社会学的角度来看,较女性而言,男性犯罪现象更多,犯罪年龄更趋低龄化。社会变迁、经济变革甚至教育方面的改变似乎正在削弱男性的优势,男性自杀的比率也比女性高出许多。一些男孩子认为自己前途黯淡,而将之视为持续不断的压力或失败,他们的自尊心和积极性似乎跌到了谷底。①

男孩子的良好自尊,不仅仅源自于他们满意于自己的性别,对做男人的意义有明确的认知,也来自于他们拥有稳定的自我意识。

妈妈要引导男孩学会认识和理解自己及他人的情绪和看法,让男孩拒绝坚硬的情绪盔甲,不让他们远离真实的自我。

---

①引自(英)伊丽莎白·哈特利·布鲁尔,《自尊男孩手册》,田科武译,高等教育出版社,2009年5月第一版。

帮助男孩子提升内在力量，培养他们时时脆弱的自尊，让男孩更懂情感，有助于将他们培养成快乐、热心、慷慨、自信的个体。

追求平衡的女孩

天生的直觉让女孩更具预测力、稳定性，也更加谨慎细心、稳定从容。几乎所有的女孩都会把友谊和家庭看得比成就和机会更重要，这与其说是社会对女性要求的一种折射，不如说是女性生命特征的一种真实反映。

由于睾丸激素水平低的缘故，女性在关系和利益面前也很容易向关系妥协，因此女孩常常会放弃自己的正当利益。我的个人经历告诉我，这种放弃经常被自作聪明的父母认定为乖顺懂事，而父母的反馈会加强女孩的这种行为，让她不懂得如何拒绝，一味地牺牲自我。

在我小的时候，有一次，学校组织春游，我买了一些樱桃，一颗也没舍得吃，捧回来带给父母和妹妹。当时父亲大赞"女儿太懂事"，但我心里却倍感压抑，仿佛决心更要变本加厉地这样去做。其实，当时家里并不是经济条件不好，但这种过于克己的做法失去了原本轻松的意义——我自己用正当的零花钱买的，如果高高兴兴吃掉，有何不可？多年以后，这一幕常常重现在我脑海，我想，当时父母要是淡化一下我的所谓"懂事"，可能对我的成长会更有益处。

所以，女孩依靠妥协建立起来的关系往往并不可靠，会破坏她心中理想的关系模型，从而使自己受到伤害。因此，作为父母，要告诉女孩子哪些需要妥协，哪些需要坚持。当明确了原则之后，女孩子就不会再受制于自己的情感。

帮助女孩提升自我评价

即使表面上自信的女孩子，也存在着自我评价不高、低自尊、不满意自己的长相和行为表现的情况。

小女孩和男孩子一样，也需要情感支持。她们需要被他人珍爱、赏识、重视和注意,需要被他人喜欢和赞赏。当这些需求得到满足时,她们就觉得自己重要,从而得以茁壮成长。如果女孩子觉得自信和能干,有人倾听并相信她们,在成长过程中,能够拓展自己的才能,那么,她们就会觉得自己内心非常强大并充满自豪之情。相反,如果女孩的基本需求得不到满足,她就会觉得被忽视和孤立,认为自己不值得他人关注,并充满羞愧之感。

要让女孩子长大以后,能够爱人、相信人,但同时不会轻易被人利用和虐待,我们就应该帮助女孩成长,使她们的内心变得足够强大,以保护她们在家庭或工作中免受侵袭。

青少年专家提醒女孩的父母,青少年期以前的女孩子比较"顺从听话",她们喜欢取悦他人,行事循规蹈矩,父母不应该利用女孩子的这一特点,而是应该着力强化她的个性和自我觉察。当女孩子进入青少年期以后,在她们探求自己的身份,即自己是谁之前,会从否定的角度,即自己不是谁来界定自己,这时,她们大多会拒绝接受父母的价值观。这时候,父母应该注意,要让女孩们自由地探求自己的身份,不要把自己的观点强加于她们身上。[①]

用爱和鼓励帮助女孩发挥潜能

女孩通常比男孩更加谦逊,也更容易低估自己的表现和价值,所以,她们更需要爱和鼓励。对有些女孩子来说,这有助于她们付出格外的努力,以取得更好的成绩;也可能使她们更加觉得"我做得好,只是因为我付出了特别的努力——我其实真的没有那么好"。

更多的爱和鼓励会激发女孩对自己的认同,让她在他人的支持和指导下,学会实事求是地评估自己的能力,并充分发挥自己的潜能。

作为家长,别总是吹毛求疵,动不动就数落孩子。如果经常这样,

---

①引自（英）伊丽莎白·哈特利·布鲁尔,《自尊女孩手册》,田科武译,高等教育出版社,2009 年 5 月第一版。

你的女儿就会变得不再依赖你的意见，并丧失对自己的意见的信心。

当女儿询问你如何看待她完成的某件事情——一幅画、一篇短文、一项成绩、练习的一段音乐时，把这个问题给她"踢回去"，告诉她听听自己的声音，告诉她重要的是她自己如何看待自己的努力，鼓励她相信自己。

我有一位好友，任何事情都会征询他人意见，不管是换了发型还是穿了新衣，甚至只是平平常常的某个时候，每当她见到我，第一句话总是"我看上去如何"，我每次都只能回一声"很好"。虽然我提示了她 N 次不必在乎别人的看法，但没有用，她已经改不掉了。后来，她交了男友，也如法炮制，搞得大家不胜其烦。她就是在父母的挑剔中长大的，"呆头呆脑"、"慢条斯理"、"死眉秋眼"之类的负面评价一直伴随着她。其实，她有一种极其优雅的气质，只是这种表现和父母的价值观不吻合，在那个年代，伶牙俐齿、干活利索的孩子更受青睐。

家长要最大限度地减少对女孩的批评、责备、唠叨和吹毛求疵，特别是不要涉及她的长相和能力，因为这只会驱使她越来越频繁地寻求你的认同。过多的负面评价会传递出你对她的失望，即便你本没有这方面的用意，也等于在告诉她"你不可爱"、"你不能干"等负面信息，这会给女孩的心理健康、情绪稳定性、自尊和积极性造成不利的后果。

附　元元习作二篇

喜欢苗条的河马小姐

一天，河马小姐从她的床上醒来，说："我要吃饭。"

吃完饭，她把碗放到桌子上，站起来向电视走去，坐在沙发上，看电视上的模特表演。

"咦？电视上的模特怎么这么苗条？我为什么就这么胖呢？"

于是，河马小姐就从三碗饭到两碗饭，两碗饭到一碗饭；从三口到两口，两口到一口，最后又从三粒米到两粒米，再到一粒米……吃得越来越少，最后变得和竹竿一样瘦了。

走到大街上，因为她吃得太少了，就饿晕过去了。

最后，河马医生把她给救醒了。

河马小姐的朋友河马先生说："你怎么变得和竹竿一样瘦了啊？你原来的身材很好啊。"

河马小姐说："原来，我不用这么瘦也很漂亮。"

元元口述于 2012 年 3 月

小狗种菜

一天，小狗走出家门，看见春天来了，小兔种了了桃子，小熊种了玉米，小猴子种了花生。看见大家都种了果实，小狗就从兜里拿了几个泡泡糖，种到土里去了。

夏天到了，小兔的桃子长得很大很大，像个房子；小熊的玉米很大很大，风一吹，都能当个摇篮了；小猴种的花生很大很大，剥开能当两艘大船了。小狗的泡泡糖还没长出来。

小狗也像别人一样，给它的泡泡糖施肥、浇水、除草。

有一天，小狗的泡泡糖突然发了一个小泡泡钻出来了！泡泡长得越来越大，越来越大，变成了一个比气球还大的泡泡糖。

小狗说："快来看呀，快来看呀，我的泡泡糖长出来了！"

小熊、小猴和小兔都来看小狗的泡泡糖。

"快来帮帮我，我快拽不住了！"

大家都来帮小狗拽泡泡糖，把泡泡糖拴到一根绳子上，把绳子绑到了大树上。

小狗就这样让泡泡糖绑在树上，谁想到天空上看一看，就坐着小狗的泡泡糖到天上看看。

元元口述于 2012 年 5 月

主要参考书目

1. 薛涌．《一岁就上常青藤》．中国青年出版社．2009 年 1 月第一版

2. 孙云晓、李文道、赵霞．《拯救男孩》．作家出版社．2010 年 1 月第一版

3. 杨文．《和儿子一起成长》．中信出版社．2010 年 8 月第一版

4. 小巫．《给孩子自由》．民主与建设出版社．2008 年 8 月第一版

5. 金韵蓉．《爱在左，管教在右》．中信出版社．2010 年 8 月第一版

6. （美）本杰明·斯波克．《斯波克育儿经》．赵昌荣、李庆华等译．四川人民出版社．2001 年 9 月第一版

7. （美）珍妮·艾里姆、唐·艾里姆．《养育儿子》．柴海鹰译．北京出版社．2002 年 8 月第一版

8. （美）尼尔森．《正面管教》．玉冰译．京华出版社．2009 年 1 月第一版

9. （美）法伯、玛兹丽施《如何说孩子才会听，怎么听孩子才肯说》．安艳玲译．中央编译出版社．2007 年 10 月第一版

10. （美）柯维．《高效能人士的七个习惯》．王奕兵等译．中国青年出版社．2008 年 6 月第一版

11.（美）杰弗里·布拉尼．《犹太人的家庭教育》．厉志红、王燕编译．河南大学出版社．2003 年 4 月第一版

12.（美）雷夫·艾斯奎斯．《第 56 号教室的奇迹》．卞娜娜译．中国城市出版社．2009 年 8 月第一版

13.（美）詹姆斯·杜布森．《杜博士：孩子管理法则——寻求疼爱和管束之间的平衡》．徐素英、尹谷生译．世界知识出版社．2000 年 4 月第一版

14.（德）罗格．《孩子任性怎么办》．陈蕴译．中央编译出版社．2009 年 4 月第一版

15.（英）伊丽莎白·哈特利·布鲁尔．《自尊男孩手册》．田科武译．高等教育出版社．2009 年 5 月第一版

16.（英）伊丽莎白·哈特利·布鲁尔．《自尊女孩手册》．田科武译．高等教育出版社．2009 年 5 月第一版

17.（日）松田道雄．《育儿百科》．王少丽等译．华夏出版社．2002 年 9 月第一版

18.（日）平井信义．《孩子是小船．妈妈是大海》．内蒙古人民出版社．2003 年 4 月第一版

19.（韩）林明南、千太阳．《上班族妈妈的教子宝典》．北京理工大学出版社．2010 年 6 月第一版